AUX FRONTIÈRES DU RÉEL

FAUX FRÈRES SIAMOIS

AUX FRONTIÈRES DU RÉEL

Romans originaux :	
Les gobelins	*J'ai lu* **4099/3**
Tornade	*J'ai lu* **4239/3**
Point Zéro	*J'ai lu* **4252/3**
Épisodes de la série TV :	
Nous ne sommes pas seuls	*J'ai lu* **4344/2**
Quand vient la nuit...	*J'ai lu* **4345/2**
Parole de singe	*J'ai lu* **4346/2**
Compressions	*J'ai lu* **4347/2**
Faux frères siamois	*J'ai lu* **4348/2**
Métamorphoses	*J'ai lu* **4349/2**
Mauvais sang	*J'ai lu* **4358/2** *(janv. 97)*
Coup de foudre	*J'ai lu* **4359/2** *(janv. 97)*
Le guide officiel *(Éditions La Martingale)*	

AUX FRONTIÈRES DU RÉEL

FAUX FRÈRES SIAMOIS

un roman de Les Martin

D'après les séries télévisées
« Aux frontières du réel » créées par Chris Carter
D'après un scénario de Darin Morgan

Traduit de l'américain par M.C. Caillava

Éditions J'ai lu

A Mary Baginski,
où que tu sois...

Titre original :
HUMBUG
Published by arrangement with HarperCollinsChildren'sBooks,
a division of HarperCollinsPublishers, Inc.

Photo de couverture : Michael Grecco

CHAPITRE 1

C'était une nuit digne d'un film d'horreur.

De gros nuages noirs roulaient dans le ciel. La lune était pleine et blafarde.

La silhouette des arbres tropicaux se profilait dans une lumière indécise.

Quelque part dans le lointain, un chien aboya, puis une chouette poussa son long hululement.

Mais les deux petits garçons, seuls dans la nuit, ne semblaient pas avoir peur. Agés respectivement de sept et cinq ans, ils se sentaient parfaitement en sécurité dans leur petite piscine à l'arrière de la maison, et ne voyaient pas la créature qui rampait silencieusement vers eux.

L'animal en question avait une tête et un corps bien humains, mais sa peau était couverte d'écailles semblables à celles d'un poisson. Il ressemblait à un monstre marin sorti tout droit d'un film d'épouvante de série B.

Les deux gamins sautaient dans l'eau en riant, et la bête se rapprochait d'eux.

Lentement, la créature se glissa dans la piscine du

côté le plus profond et nagea vers eux, sous l'eau, invisible comme un sous-marin ou un crocodile.

Et soudain, avec un rugissement terrifiant, le monstre jaillit entre les deux bambins.

Les malheureux n'avaient aucun moyen de fuir.

Mais ils n'essayèrent même pas.

Ils éclatèrent de rire.

— Papa ! papa ! s'écria le plus jeune.

— Ouais, ben moi je t'avais vu dès le début ! annonça son frère en battant des mains.

— Ah oui ! tu m'avais vu ? Eh bien, tu es tout de même mon prisonnier ! rugit Jerald Glazebrook.

Il attrapa son fils aîné, Robert, et commença à chahuter avec lui en riant aux éclats.

— Ouais, c'est moi le plus fort ! s'écria Robert tout en frappant la surface de l'eau pour arroser son papa.

Le cadet, Lionel, décida d'être aussi de la partie ; il sauta sur le dos écailleux de son père.

Glazebrook poussa un cri comique :

— Hé ! bande de tricheurs ! deux contre un ?

Ils continuèrent à se bousculer plusieurs minutes, puis le père fit signe à ses enfants de se calmer.

— Allez, les gamins, ça suffit pour ce soir. Je suis crevé. J'ai roulé des heures. Et je ne vous parle pas de tous ces spectacles. Je ne tiens plus la forme. Il faut que je me remette au jogging.

— Moi je suis vachement content que tu sois de retour, papa ! sourit Robert.

— Ouais, moi aussi, tu sais, ajouta Lionel.

— Est-ce que tu as vu des tas de trucs bizarres et rigolos dans le spectacle, cette année ? demanda Robert.

Glazebrook sourit :

— Oui, et nous aurons tout l'hiver pour en parler. Mais pour le moment je pense que vous devriez aller vous sécher. Votre mère doit vous attendre, c'est l'heure de vous mettre au lit.

Il souleva les deux gosses hors de la piscine, leur donna une tape amicale sur les fesses et les regarda, attendri, courir vers la maison.

Glazebrook s'étira et plongea son corps écailleux dans l'eau fraîche de la piscine. Sa peau toute déformée brillait dans la lueur de la lune.

Il regarda autour de lui. En fait de jogging, il pourrait faire quelques longueurs avant d'aller se coucher.

Glazebrook ressemblait peut-être au cousin de la créature du lagon noir, mais il ne nageait pas comme lui ! Son crawl était assez peu élégant et bien inefficace. Il n'avançait pas mais déplaçait beaucoup d'eau. Au bout d'une longueur, il s'arrêta, à bout de souffle.

Bon, cela suffisait pour ce soir. Il fallait vraiment qu'il se concocte un petit programme de remise en forme ! Demain il commencerait par faire dix aller et retour.

Pour le moment, il se contenta de se laisser flotter sur le dos, histoire de se détendre. Il aimait la grande tournée d'été et ses spectacles, mais rien ne valait le plaisir d'être chez soi.

Son camion était garé dans l'allée. Sur le côté était peint en grosses lettres l'inscription :

L'HOMME ALLIGATOR.
EST-CE UN ANIMAL ?
EST-CE UN MONSTRE ?

Sous l'inscription, on découvrait un dessin le représentant dans un aquarium.

Dans le lointain, un chien aboya. Glazebrook soupira et se dit qu'il allait falloir qu'il parle de nouveau aux voisins. Pourquoi ces gens ne voulaient-ils pas comprendre qu'il fallait enfermer leur clebs pendant la nuit ?

Puis, Glazebrook entendit un autre bruit à l'autre extrémité de la piscine. Quelque chose était entré dans l'eau.

Est-ce que les enfants étaient revenus lui jouer un tour ? Pourtant, il leur avait bien dit que c'était l'heure d'aller se coucher.

Il se redressa pour regarder ce qui venait vers lui, mais ne vit rien.

« Ah, ces gosses ! » se dit-il. Bon, ils voulaient le surprendre ? Eh bien, c'était lui qui allait leur faire une petite surprise quand ils reviendraient à la surface !

Mais tout ce qu'il pouvait voir pour le moment, c'était une vague forme sous l'eau.

Il ne s'agissait pas de ses gosses. C'était trop petit. Ce ne pouvait pas être le cadet.

C'était...

Il ne savait pas ce que cela pouvait bien être.

On aurait dit un animal couleur chair de la taille d'un ballon de foot. Et cette chose fonçait vers lui à toute vitesse.

— Qu'est-ce que c'est que cette saloperie ? murmura-t-il en reculant vers le bord de la piscine.

Il ne recula pas assez vite.

La chose fondit sur lui avant qu'il ait pu sortir de l'eau. Elle l'atteignit au niveau de l'estomac.

Glazebrook hurla de douleur et tomba dans l'eau.

Il fit un effort désespéré pour se redresser. Mais il avait le souffle coupé.

La créature le heurta de nouveau de plein fouet. L'homme alligator hurla. Il avait l'impression d'avoir le ventre ouvert.

Glazebrook fit un dernier effort et attrapa le rebord de la piscine. Il tira de toutes ses forces.

— Ahhhhhhhhhhhhh !

La chose venait de l'attaquer de dos !

— Nooooon !

La douleur était insupportable. Il s'agrippa au rebord, mais il n'avait déjà plus la force de fuir. Glazebrook tourna la tête pour essayer de voir quel animal l'attaquait ainsi.

Tout ce qu'il vit, ce fut la piscine, rouge de sang.

Son sang.

Ce fut la dernière image que distingua Jerald Glazebrook, plus connu sous le nom de « l'homme alligator ».

CHAPITRE 2

L'agent spécial Dana Scully regarda attentivement l'agent spécial Fox Mulder et dit :

— Tu fais exactement la tête du pêcheur qui vient d'attraper le plus gros poisson de sa carrière !

Mulder sourit et Dana soupira. Elle commençait à bien le connaître, ce petit sourire en coin ! Quand Fox souriait de cette façon, cela voulait toujours dire que des choses étranges s'étaient produites — des choses sur lesquelles les autres agents du F.B.I. ne voulaient enquêter à aucun prix — et qu'elle allait se retrouver à bosser avec lui sur un truc débile.

— Regarde donc un peu ça, lui dit Mulder.

Il sortit une photo d'une pile de documents posés sur son bureau et la lui passa.

Scully regarda.

Elle ouvrit des yeux ronds.

— Non... laisse-moi deviner... tu as enfin réussi à prendre en photo tes chers extraterrestres !

— Pas exactement. La créature que tu vois là est un homme bien de chez nous, un terrien ordinaire.

— Mon Dieu, mais qu'est-ce qu'il lui est arrivé? C'est horrible, sa tête est couverte d'écailles!

— Il ne lui est rien arrivé du tout. Ce type est né comme ça. Tiens, regarde donc le reste de son corps.

Il lui donna un autre cliché.

Scully fronça les sourcils. Tout le corps de cet individu était couvert d'écailles.

— Ce bonhomme avait une maladie très rare, expliqua Mulder. L'ichtyose, caractérisée par la sécheresse des téguments épaissis de la peau, couverts de grosses écailles. Vu de l'extérieur, cela ressemble effectivement à des écailles de poisson.

— Est-ce que c'est mortel?

— Pas du tout, et ce n'est même pas douloureux. Le seul désagrément pour les personnes souffrant de cette maladie vient de l'attitude de la société envers elles. Elles font peur et sont souvent rejetées.

— Je sais, soupira Scully. Les gens n'aiment pas ce qui s'écarte de la norme.

— Cela commence par le nom générique sous lequel on classe les gens foutus comme ce bonhomme : les « monstres » !

— J'imagine ce qu'il a dû endurer à l'école ; les enfants sont si cruels entre eux !

— Cela dit, continua Fox, ce malheureux, Jerald Glazebrook, a tiré partie de sa différence. Il a entièrement assumé le terme de « monstre » et s'est fait appeler « l'homme alligator ». Il gagnait très bien sa vie en travaillant dans des cirques et diverses festivités. Non, ce n'est pas la cruauté de la société qui a tué ce malheureux.

— De quoi est-il mort, alors?

Mulder lui tendit une autre photo.

— Aucune idée, mais j'aimerais justement avoir ton avis à ce sujet.

Scully regarda le cliché. Glazebrook gisait sur le flanc au bord d'une piscine. Il portait une horrible blessure dans le dos.

— L'ouverture de la plaie est à peu près ovale, dit-elle. Environ dix centimètres de diamètre. Est-ce qu'on a retrouvé près du corps l'arme du crime ?

— Non.

— Est-ce que le corps portait d'autres blessures ?

Mulder hocha la tête :

— Non.

— Je comprends pourquoi tu as l'air si content, dit-elle. Cette histoire constitue un mystère comme tu les aimes. La police locale doit être bien embêtée.

— Nous aussi. Tiens, jette un œil à tout ça.

Il lui donna une chemise contenant une série de photos.

Scully fit une grimace horrifiée. Le premier cliché représentait une femme d'une cinquantaine d'années portant sur le dos la même blessure que Glazebrook. Le cliché numéro deux montrait un jeune homme. Lui aussi avait le même type de plaie ouverte, mais au niveau du ventre.

Mulder lui lut alors une feuille sur laquelle étaient notées les statistiques relatives à ces affaires :

— Au cours de ces vingt-huit dernières années, il y a eu quarante-huit agressions de ce type dans le pays. La première fois, c'était dans l'Oregon, puis en Floride. Le temps qui sépare deux meurtres peut se compter parfois en jours, parfois en années : deux jours de calme, puis six ans. Et les victimes n'ont pas de points communs : des hommes, des femmes, des jeunes, des vieux, des Blancs, des Noirs. Personne n'arrive à trouver un schéma qui relie ces affaires entre elles, si ce n'est la façon dont ces gens sont morts.

— Il s'agit peut-être de sacrifices rituels, fit Scully. N'oublie pas qu'il y a beaucoup de cinglés dans le pays qui donnent dans le satanisme. C'est la grande mode depuis quelque temps.

— Non, je connais bien les pratiques des satanistes. Aucun de leurs cultes ou de leurs églises ne pratique de sacrifice laissant ce genre de blessure.

Scully regarda la dernière photo et proposa :

— Dans ce cas, il s'agit tout bonnement d'un cinglé.

— Les tueurs en série travaillent toujours en suivant un schéma, et ils tuent avec de plus en plus de sauvagerie. Ces crimes ont commencé voilà plus de vingt-huit ans, et les sévices sont toujours les mêmes, ni plus ni moins.

Mulder reprit les photos et les documents, et commença à les ranger dans le dossier.

— Alors, fit-il, est-ce que tu aurais une idée susceptible d'expliquer tout ceci ?

Mais Scully regardait toujours la photo représentant le visage de l'homme alligator. Elle soupira :

— Imagine la vie de cet homme. Je me demande comment il faisait.

— J'ai bien peur qu'il ne soit trop tard pour lui poser la question. Mais nous allons avoir l'occasion de nous renseigner tout de même.

— Qu'est-ce que tu veux dire ?

— Jerald Glazebrook avait beaucoup d'amis. Nous les rencontrerons tous demain, à son enterrement. Nous allons à Fort Lauderdale. Et une fois là-bas, nous louerons une voiture pour aller jusqu'à Gibsonton.

Scully fit la moue :

— La Floride ? C'est donc là que l'homme alligator vivait ?

Mulder sourit de nouveau... ce léger sourire si agaçant.

— Je crois que tu vas trouver le coin intéressant !

CHAPITRE 3

Scully et Mulder arrivèrent au cimetière au début de l'éloge funèbre. Ils s'assirent sur les deux seules chaises encore libres.

Le prêtre commença à lire la Bible. Le livre était posé sur un pupitre devant lui.

Il parlait d'une voix forte :

— Le Seigneur est mon berger. Je ne manquerai de rien. Il me mènera vers les verts pâturages. Il me guidera vers les eaux paisibles. Dans la vallée de la mort, je...

Scully connaissait — hélas — ce texte par cœur. Elle étouffa un bâillement aussi discrètement que possible.

Elle avait dû se lever aux aurores afin de prendre l'avion. Mulder choisissait toujours des vols qui partaient tôt le matin.

Ici, en Floride, il faisait chaud et lourd, et elle sentait qu'elle allait s'endormir.

Le prêtre tourna la page de la Bible... avec son pied nu.

Scully se redressa, elle n'avait plus du tout sommeil. Elle réalisa alors que ce curé n'avait pas de bras!

— Ô Seigneur ! je ne crains pas le Malin car tu es à mes côtés. Tu es mon guide et...

Le bonhomme continuait de lire comme si de rien n'était, et tout le monde avait l'air de trouver son état parfaitement normal!

— Mes bien chers frères, nous sommes réunis aujourd'hui pour dire une dernière fois au revoir et bravo à notre ami et collègue Jerald Glazebrook. C'était un bon père, un bon mari, et un ami très cher. Son grand talent et son amour du cirque apportèrent la joie et le rêve à des milliers d'enfants et d'adultes...

Scully regarda en direction de la famille du défunt.

Ses deux fils étaient habillés de noir. Ils serraient les dents, essayant d'avoir l'air courageux. Mais on pouvait lire l'émotion dans leurs yeux. La mère était elle aussi en noir. Elle portait une voilette sur le visage, qui laissait dépasser le bas de son épaisse barbe rousse...

Dana donna discrètement un coup de coude à Mulder.

— Tu vois ce que je vois? murmura-t-elle.

Il lui fit signe que oui et ils regardèrent autour d'eux la foule venue rendre un dernier hommage à Glazebrook.

Il y avait là une femme qui devait peser dans les deux cents kilos. Elle était sur un banc et prenait la place de trois personnes. Près d'elle se tenait un homme squelettique.

Un peu plus loin, au premier rang, un bonhomme d'une cinquantaine d'années sortit une flasque d'alcool de sa poche et but une rasade tout en écoutant avec une émotion évidente ce que disait le prêtre. Puis il rangea le flacon dans la poche de sa veste... qui n'était pas seulement *sa* veste... Scully aperçut un corps minuscule et sans tête qui sortait du ventre de l'homme en question... Mon Dieu ! se dit-elle.

— Nous devons garder le souvenir d'un Jerald heureux de vivre ! s'écria le curé. Il a inspiré beaucoup de ses collègues. Son talent était légendaire et le monde du spectacle se souviendra longtemps de lui et de...

Scully entendit des murmures derrière elle. Elle se retourna et découvrit des enfants assis sur deux rangées de chaises.

Elle les examina plus attentivement. Leurs visages n'avaient rien de juvénile. C'étaient des nains, pas des gosses !

Un des petits hommes vit qu'elle le regardait fixement. Il lui fit « hello » de la main. Dana lui sourit.

Mulder lui tira la manche. Elle se retourna de nouveau et suivit son regard : un géant, de deux mètres cinquante au moins, se tenait au bout de leur rangée de chaises.

Scully et Mulder échangèrent un regard atterré.

— Tu te sens bien ? demanda-t-il.

Elle haussa les sourcils :

— Au F.B.I., j'ai l'impression d'être une curiosité dans un zoo, j'imagine que je devrais me sentir en famille, avec ces gens. De toute façon, mes parents m'ont toujours dit que j'étais un m...

Mulder l'arrêta :

— Ne dis jamais ce mot ! lui murmura-t-il. Ne le pense même pas. C'est un mot que personne n'emploie dans ce milieu.

Ils poussèrent un soupir de concert, et se tournèrent vers le prêtre qui continuait son éloge funèbre :

— Jerry était un roi de l'évasion dans la plus pure tradition du grand Houdini. Mais il est un endroit dont nul, même les plus grands, ne s'échappe, et le Seigneur...

À cet instant précis, le cercueil commença à bouger.

Le curé s'arrêta au milieu de sa phrase. La bière tressautait comme s'il y avait eu un mini-séisme juste en dessous d'elle. L'assemblée commença à murmurer.

— Dis-moi que je rêve, fit Scully.

— J'aimerais pouvoir te le confirmer, répondit Mulder, mais je ne sais même pas ce qui se passe.

Le cercueil était maintenant agité de tremblements de plus en plus violents.

Quelqu'un, assis au dernier rang, cria.

Un gros homme aux épaules carrées, le shérif, s'avança. Il posa les deux mains sur le cercueil pour l'empêcher de basculer dans la tombe qui l'attendait, puis se retourna :

— Venez donc m'aider, bande d'idiots ! hurla-t-il à l'adresse des employés des pompes funèbres.

Ensemble, ils soulevèrent la bière et la posèrent un peu plus loin dans l'herbe.

Scully voyait maintenant ce qui avait causé ces mouvements : le sol, à l'endroit où se trouvait le cercueil, se soulevait peu à peu.

— Un tremblement de terre en Floride ? fit-elle à haute voix.

— Un tremblement de terre ? Disons plutôt un tremblement tout court, rectifia Mulder. Regarde un peu ça !

Soudain, la terre se déchira, et la tête d'un homme émergea à la surface.

Scully se leva. Elle vit d'abord une épaisse tignasse blonde, puis un visage figé en un rictus dément... les yeux de ce type étaient ceux d'un fou furieux.

L'homme jaillit hors du trou, torse nu, et portant seulement un pantalon de cuir noir.

Il tenait à la main un énorme marteau et un gros pieu en acier de vingt centimètres de long.

— Permettez-moi de me présenter, s'écria-t-il, je suis le Dr Cabochard ! Les exercices dangereux, c'est ma spécialité !

Il y eut des murmures réprobateurs parmi la foule. Cabochard ne sembla pas s'en soucier.

— Je ne connaissais pas le défunt personnellement, dit-il, je ne peux donc pas parler de lui. Mais je suis certain que c'était un type très chouette et patati et patata ! Sachez que j'admirais beaucoup son travail et que je veux lui rendre un dernier hommage à ma façon. C'est dans ce but que je vais me planter cette pointe en acier dans la poitrine !

Le bonhomme posa la pointe du pieu sur son torse, leva le marteau et frappa dessus.

Scully fit un mouvement pour aller à son secours, mais Mulder la retint.

— Contente-toi de regarder le spectacle, lui glissa-t-il. C'est un très bon numéro, tu ne trouves pas ?

Le Dr Cabochard se tenait les bras écartés, l'air ravi. Il regardait le filet de sang qui coulait de sa blessure.

— Ô mon Dieu ! en plein dans le ventricule gauche ! Quel maladroit je suis !

Il n'eut pas le temps de continuer son bref discours. Le shérif l'attrapa violemment par le bras.

— Où est-ce que tu te crois, espèce de crétin ?

Le Dr Cabochard se débattit :

— Ne me touche pas, Hamilton !

Le shérif ne s'attendait pas à être ainsi poussé en arrière ; il tituba, heurta le cercueil et alla s'effondrer dans les gerbes de fleurs comme un gros sac de pommes de terre.

Pendant ce temps, ses assistants essayaient de maîtriser Cabochard. La foule en deuil se leva afin de mieux voir le spectacle.

Mulder et Scully restèrent seuls au milieu des chaises vides, atterrés. Leurs cerveaux semblaient incapables d'accepter ce qui venait de se passer.

Dana soupira.

Mulder, lui, sourit.

Comme d'habitude.

CHAPITRE 4

— Je suis tout de même étonnée que le shérif n'ait pas arrêté Cabochard pour trouble de l'ordre public, fit Scully.

— Nous sommes à Gibsonton, remarqua Mulder. Ce qu'a fait Cabochard est peut-être considéré comme normal dans la région.

Dana haussa les épaules en repensant aux personnes présentes à l'enterrement :

— Tu as sûrement raison.

Il y avait maintenant une heure qu'ils avaient quitté le cimetière. Jerry Glazebrook reposait dans sa tombe. Scully et Mulder attendaient le shérif. Ils étaient convenus de se retrouver en ville au petit restau appelé *Les Trois Pistes*, une allusion au célèbre cirque Barnum.

Le flic les rejoignit cinq minutes après qu'ils se furent installés dans un box.

— Que pensez-vous de notre petit restaurant local, monsieur et madame F.B.I. ? demanda le shérif.

— Nous n'avons pas encore regardé le menu, mais l'atmosphère est pour le moins originale.

— Ouais, sourit Dana, ça me donne envie de commander une barbe à papa !

Le restau était entièrement décoré avec des affiches de cirque. Un trapèze pendait au plafond. Il y avait partout des photos d'animaux de toutes les races, d'hommes et de femmes en train de faire les numéros les plus incroyables.

— On a l'air de bien aimer le cirque dans le coin, remarqua Scully.

— Exact.

— Est-ce que Jerald Glazebrook travaillait pour un cirque ? demanda Mulder.

— Oui.

— Mais pourtant je vois dans le dossier de Glazebrook : *Profession : artiste.*

Le shérif hocha la tête.

— Jerry était un artiste, un très grand artiste, fit-il tristement. C'était le roi de l'évasion, on disait de lui qu'il était le nouvel Houdini. Il aurait dû être vedette à Las Vegas. Il aurait dû passer à la télé. Mais vu son problème de peau, il ne pouvait travailler que dans des petits cirques traditionnels. Il faisait des tournées.

— Je ne savais pas qu'il y avait encore des cirques itinérants, remarqua Dana.

— Il n'y en a plus beaucoup, c'est vrai, soupira le flic. Et les derniers qui restent ont bien du mal à survivre.

Mulder toussota :

— J'ai eu la nette impression, au cimetière, que Glazebrook n'était pas le seul... « artiste » de la région.

— Bon nombre d'entre eux ont pris leur retraite dans le coin. La plupart des habitants de cette ville ont travaillé ou travaillent encore dans le monde du spectacle.

— Pourquoi se sont-ils regroupés ici ?

Le shérif haussa les épaules.

— Je ne sais pas, agent Scully. Les gens de Pittsburgh travaillent dans des aciéries, les gens d'ici dans des cirques.

— Il doit tout de même bien y avoir une raison, insista Dana.

— Bien sûr. Mais pour comprendre, il faut remonter au début du siècle. Les employés du cirque Barnum ont fondé cette ville pour y passer l'hiver. Il faut que vous compreniez que l'hiver est la morte saison pour le cirque, c'est leur période de vacances. Tout cela remonte aux années 20, mais encore aujourd'hui, les gens du voyage viennent se retirer ici. C'est devenu une tradition.

Scully se tourna vers son collègue :

— Je crois que nous tenons une piste.

— De cirque ?

— Soyons sérieux un instant, Mulder. Souviens-toi que les crimes ont eu lieu dans tout le pays. Le tueur pourrait fort bien faire partie d'un cirque itinérant, cela expliquerait tout. La plupart des gens que nous avons vus à l'enterrement étaient des... monstres. Je pense que nous tenons un mobile. Les gens dit « normaux » sont souvent cruels avec les personnes hors normes. Il se peut qu'un des monstres ait tellement souffert qu'il ait décidé de se venger, de tuer.

Elle marqua une pause afin de se rendre compte si Mulder ou le shérif avaient un commentaire à faire. Mais comme ils restaient silencieux, elle continua :

— Les cinq derniers meurtres ont eu lieu ici, en Floride, et cela aussi est intéressant. Notre tueur pourrait bien avoir pris sa retraite dans le coin. Notre ami le shérif vient de dire que les choses allaient plutôt mal pour le cirque, en ce moment.

Le flic secoua la tête :

— Attendez une seconde, agent Scully. Je ne suis pas au courant de tous ces meurtres dont vous parlez, mais je sais une chose : je connais bien les *monstres*, comme vous les appelez. Par ici on les appelle les *gens du voyage*. Ce sont les êtres les plus gentils que je connaisse. Ils ont l'air difformes et diaboliques extérieurement, mais ce qui compte chez un être humain, c'est ce qu'il a à l'intérieur, son âme, non ? Et je crois que c'est comme ça qu'on doit regarder ces gens : en se souvenant que ce sont des êtres humains avant tout !

— Oui, remarqua Scully, mais la plupart des tueurs en série sont considérés par leur entourage comme des gens délicieux, du moins jusqu'à ce qu'on les arrête. Leur famille et leurs amis sont toujours prêts à vous jurer que ce sont des êtres délicats qui ne feraient pas de mal à une mouche. Et puis, soyez logique, shérif : vous venez de dire que, malgré les apparences, ces monstres sont des gens comme vous et moi. Cela veut dire qu'ils peuvent devenir fous et dangereux, comme vous et moi.

Le flic n'avait pas l'air de vouloir se laisser convaincre :

— Laissez-moi vous dire une bonne chose, agent Scully. Nous sommes entre gens du même monde, dans le coin. Ici, personne ne trouve les monstres monstrueux, ils font partie de la famille, du paysage. Ce sont des gens tout ce qu'il y a de normaux.

Scully regretta d'avoir à insister.

— Shérif, je ne veux surtout pas que vous pensiez que j'ai quoi que ce soit contre ces gens. Mais nous sommes ici pour arrêter un tueur extrêmement dangereux. Nous nous moquons pas mal de son apparence physique. Il peut avoir l'apparence d'*elephant man* ou être aussi « normal » que la charmante serveuse là...

Et justement celle-ci s'approcha de leur table. Elle avait la taille très fine et une opulente chevelure blonde.

Elle décocha un sourire ravageur au flic.

— Alors, shérif, qu'est-ce que je vous sers ? La même chose que d'habitude ?

— Impec, Sal, merci ! répondit-il.

La charmante Sal se tourna alors vers Scully pour prendre sa commande.

Scully vit soudain l'autre moitié de son visage et de son corps : épaule épaisse, moustache noire et cheveux courts.

— Et pour vous, mademoiselle ?

Dana fit un effort pour ne pas avoir l'air gênée. Elle n'était pas très sûre d'y parvenir.

— Heu !... Je crois que je vais prendre un café, s'il vous plaît.

— Et le charmant jeune homme, que désire-t-il prendre ? demanda Sal en souriant à Mulder (... en souriant avec le côté « blonde fatale » de son visage !).

Mulder avait l'air de s'intéresser plus à son menu qu'à la serveuse.

— Qu'est-ce que c'est que ça ? demanda-t-il en indiquant quelque chose sur la carte.

— Un Barnum burger ? C'est un burger avec du...

— Non, non, je ne parle pas du sandwich mais du dessin à côté, là, vous voyez ?

Scully porta les yeux sur son menu. Il y avait des dessins représentant des artistes et des monstres. La gravure qu'indiquait Mulder était des plus étranges : une créature dont la partie supérieure était presque humaine, si ce n'étaient ses dents monstrueuses et ses mains aux doigts crochus. La partie inférieure de son corps ressemblait à la queue d'un poisson.

— Désolée, jeune homme, fit Sal. Ce truc est juste là pour faire joli, mais nous ne le servons pas.

— Dommage, soupira Mulder d'un air tragique, ça avait l'air tellement appétissant ! Bon, eh bien, je me contenterai d'un café.

Sal partit chercher ce qu'ils avaient commandé.

Mulder se pencha vers le shérif.

— Je vois que les dessins sur ce menu sont tous signés Hepcat Helm. Est-ce que c'est un dessinateur qui habite dans le coin ?

— Hélas, oui ! Il habite juste derrière le poste de police.

— J'aimerais le rencontrer.

Scully haussa les sourcils, elle imaginait déjà la rencontre : Fox Mulder contre le roi du portrait monstrueux. Ils allaient sûrement faire un concours pour savoir lequel des deux avait vu le plus d'horreurs et de difformités.

Le flic hésita puis ajouta :

— Mais il faut que je vous prévienne. Ce type, le dessinateur, c'est un vrai... monstre.

CHAPITRE 5

Le shérif appuya sur la sonnette à la porte d'entrée du studio de travail de Hepcat Helm. Comme personne ne répondait, il frappa, puis tambourina.

— On dirait qu'il n'est pas là, fit Scully...

— Oh ! il est là, mais il ne nous entend pas, rétorqua le flic. Écoutez-moi un peu ce bordel !

Scully entendait en effet une radio poussée à fond : du *heavy metal*... Charmant !

Le shérif ouvrit la porte et Dana fit la grimace. Ce n'était pas de la musique, c'était un bruit infernal ! Pourquoi mettre sa radio si fort ? Elle se boucha les oreilles.

Mulder suivit le shérif à l'intérieur de l'antre de Helm.

Elle avança elle aussi.

Le flic avait eu raison de les prévenir, de leur dire que le type était un monstre. En fait, tout était monstrueux dans son studio. Des horreurs étaient disséminées sur les murs.

Des monstres au visage de babouin et à la langue de serpent. Des monstres aux yeux qui pendaient hors de leurs orbites, d'autres aux mâchoires de requin... des monstres de toutes les couleurs, de toutes les formes. Un vrai festival de l'horreur.

Chaque tableau était à vomir.

Hepcat Helm travaillait sur sa dernière œuvre (un monstre, bien entendu). Le shérif dut hurler son nom à plusieurs reprises avant qu'il ne l'entende par-dessus le boucan prétendument musical qui résonnait dans la pièce.

Hepcat posa ses pinceaux, se retourna pour regarder ses visiteurs et éteignit enfin sa machine à faire du bruit !

Il sourit à Scully, révélant des dents toutes jaunes. Hepcat n'était pas exactement un monstre mais, de toute évidence, ce n'était pas un artiste non plus. Il portait un T-shirt dégoûtant décoré du logo du groupe *Iron Maiden*. Son jean maculé de taches de cambouis le faisait ressembler à un garagiste. Dana comprit la raison de son état de crasse en apercevant par terre, gisant au milieu de toiles et de pinceaux, des outils dont on se servait dans le bâtiment et la plomberie.

— Qui sont ces deux ploucs qui vous accompagnent, shérif ? demanda Hepcat.

— L'agent spécial Mulder et l'agent spécial Scully, du F.B.I.

Le flic se tourna vers Fox et ajouta :

— Je vous avais prévenu. Voici Hepcat Helm, il travaille dans cet atelier et il a sa propre petite maison hantée de fête foraine...

Hepcat fit la grimace et l'arrêta de la main :

— Merde ! Mais combien de fois faudra-t-il vous le dire ? Ce n'est pas une maison hantée comme on en trouve chez les forains, à un dollar le tour! Quand les gens visitent mon exposition, ils ne s'amusent pas, ils ont le trouillomètre à zéro, oui! Je ne suis pas un forain, j'ai créé le tabernacle de l'horreur absolue!

Le shérif haussa les épaules.

— O.K., les gens y vont pour avoir peur... mais parce que ça les amuse, c'est bien ce que je disais!

Hepcat soupira.

— Pas possible de discuter avec vous, shérif.

Il regarda Mulder et Scully et leur lança :

— Ce sale flic n'a aucun sens artistique! J'espère que vous êtes plus doués que lui, au F.B.I.

Mulder lui sourit gentiment.

— Je ne sais pas. Mais il est naturel que ce cher shérif ne vous comprenne pas, non? Les vrais artistes sont toujours incompris de leur vivant. Regardez Van Gogh...

Helm sembla apprécier le compliment. Fox sortit de sa poche le menu du restau et lui dit :

— J'ai beaucoup apprécié vos illustrations.

— Pour une fois que l'imprimeur ne salope pas mon travail!

— Mais je suis venu vous demander quelque chose. Il y a sur la carte des hamburgers un personnage que je ne reconnais pas. Regardez... celle-ci. Qui est-ce?

— La sirène du Mississippi.

Le shérif fit la grimace et regarda le dessin.

— C'est la sirène? Bon Dieu, je ne l'avais pas reconnue!

— C'est parce que vous ne faites pas de la recherche comme moi, shérif, rétorqua Hepcat. C'est un personnage authentique. Je ne l'ai pas inventé, je l'ai recopié sur une affiche d'époque. La sirène du Mississippi, dans toute sa splendeur légendaire.

— Et qui est donc cette sirène du Mississippi? demanda Scully.

Hepcat parut surpris que Dana ne connaisse pas le personnage.

— La sirène... ma foi, la sirène du Mississippi... c'est... la sirène du Mississippi!

Le shérif expliqua à sa place :

— C'est un personnage que le légendaire Barnum présentait dans sa grande parade des monstres. Un attrape-nigaud de tout premier ordre, une affaire historique.

— Barnum avait fait mettre sur les affiches que c'était une vraie sirène, dit Hepcat. En fait, ce qu'il montrait aux gens, c'était un singe avec une queue de poisson collée au cul.

Mulder parut soudain très intéressé.

— Un singe? répéta-t-il.

— Ouais, un singe mort, tout desséché.

Le shérif hocha la tête :

— La supercherie était si évidente que le grand Barnum dut reconnaître publiquement que c'était une fausse sirène.

Scully soupira d'un air faussement dramatique :

— Et ce fut donc la fin de l'opération sirène du Mississippi. Une star le lundi, une inconnue le mardi, c'est la dure loi du show-business!

— Pas du tout, ma chère, sourit le flic. La sirène a continué à être une attraction. Barnum a simplement changé son nom, il la présentait comme le plus grand faux de toute l'histoire!

— Barnum était un génie, dit Hepcat. Il savait intéresser les foules et les troubler. Il disait que la sirène était un faux, mais les gens voulaient se rendre compte par eux-mêmes, car ce n'était pas normal d'entendre Barnum dire : *Oui je vous ai montré un faux.* En fait, Barnum avait tout calculé dès le départ afin de faire venir un max de gens. Après sa déclaration officielle, le public était encore plus intrigué qu'auparavant : est-ce vraiment un faux ou bien est-ce qu'on veut nous faire croire que c'est un faux ? Peut-être que...

Mulder finit la phrase pour lui :

— Peut-être que la déclaration de Barnum tient de l'intox et que la sirène est bien une vraie sirène, mais qu'on veut le cacher.

Dana ne put s'empêcher de rire.

— Mulder, tu aurais dû naître au siècle dernier ! Barnum t'aurait employé pour vendre les places ! Non, oublie ce que je viens de dire... Barnum t'aurait *vendu* des places !

Mais Fox n'écoutait pas. Il se tourna vers le shérif et dit :

— Nous ne savons pas où passer la nuit. Est-ce que vous avez des hôtels dans le coin ?

— On a un genre d'hôtel, les chambres y sont en fait des caravanes. L'endroit s'appelle le *Big Top*. Beaucoup de gens du voyage y vivent. Mais il faut que je vous prévienne : ce n'est pas vraiment un palace.

— Peu importe, rétorqua Mulder. Nous ne passerons pratiquement pas de temps dans nos chambres. Nous avons une enquête à mener, nous serons sur le terrain toute la journée.

Il sortit des photos de sa poche et les montra à Scully puis au shérif.

— Vous voyez ces marques dans la boue ? On les a retrouvées sur les lieux de plusieurs crimes. Personne n'a pu les identifier clairement, mais certains experts disent qu'il n'est pas impossible que ce soient les traces de pas d'un être de type simiesque.

— Simiesque... ça veut dire *macaque*, non ? demanda le shérif.

— « Simiesque » est un terme générique. Ça désigne tout ce qui se rapporte au singe. Mais vous avez raison, il s'agit peut-être d'un macaque.

Le flic haussa les sourcils :

— Vous pensez que la sirène du Mississippi se promène dans le pays et assassine les gens ? Allons, agent Mulder, c'est complètement ridicule, comme idée !

Scully sourit :

— Vous ne connaissez pas encore Mulder comme je le connais, shérif. Alors laissez-moi vous dire une chose.

— Je vous écoute.

— Fox Mulder est le genre de personne que Barnum adorait : gogo et monstre à la fois !

Mulder grogna.

Dana éclata de rire.

Pour une fois...

CHAPITRE 6

Scully avait décidé que plus rien de ce qui pouvait se trouver à Gibsonton ne l'étonnerait... pas même l'étrange patron du motel *Big Top*.

Elle ne broncha pas quand elle le vit grimper sur une sorte de caisse pour leur présenter le registre à signer.

Ce bonhomme mesurait quarante centimètres de haut.

Un petit chien de la taille d'un rat le suivait partout.

— Je suis Hiram B. Nutt, à votre service, dit le petit homme d'une voix de basse. J'imagine que vous voulez une chambre, messieurs dames. Permettez-moi de vous proposer notre suite nuptiale, très jolie, très romantique et pas chère du tout !

— Nous voulons deux chambres séparées, fit Mulder. Mlle Scully et moi-même sommes des coéquipiers, rien de plus.

— Excusez-moi, je me suis donc trompé. Mais je peux certainement vous trouver deux chambres, deux caravanes situées côte à côte. Est-ce que cela vous conviendrait ?

— Ce sera parfait, répondit Mulder. Dites-moi, M. Nutt, est-ce que vous avez travaillé longtemps dans les cirques ?

Nutt se redressa fièrement :

— Mais qu'est-ce qui vous permet donc d'imaginer que j'ai travaillé dans un cirque, ou que j'ai un jour éprouvé le désir de travailler dans un cirque ? demanda-t-il d'un ton agressif.

— Je suis désolé. Mais beaucoup de vos concitoyens sont des gens du voyage, je me suis donc dit que...

Nutt le regarda avec mépris :

— Vous vous êtes dit que parce que j'étais de petite taille, la seule carrière qui m'était ouverte était celle de clown dans un cirque ? Vous m'avez regardé rapidement et vous avez porté un jugement de valeur sur ma personne.

— Mais je...

Nutt n'en avait pas fini. Il continua :

— J'imagine que vous n'avez pas l'esprit suffisamment ouvert pour envisager une seule seconde qu'une personne de ma modeste taille puisse avoir un diplôme d'une école hôtelière de renom, n'est-ce pas ?

Nutt indiqua un diplôme encadré sur le mur.

— Vous n'avez pas non plus envisagé la possibilité que j'aie pu faire carrière dans les plus grands palaces du monde, en tant qu'assistant de direction, bien entendu, et non pas en tant que fou du roi !

Mulder soupira :

— Monsieur, je vous assure que je n'avais pas l'intention de...

Mais Nutt tenait à vider son sac jusqu'au bout :

— Non, je vous connais, vous autres, les Américains moyens! Pour vous, une personne de petite taille s'appelle un « nain », et ne peut pas devenir businessman. Un nain travaille dans un cirque, bien entendu!

Mulder réussit enfin à en placer une :

— Je ne voulais pas vous offenser, je vous le jure.

— Offenser? Pourquoi serais-je offensé? Il est hélas dans la nature humaine de porter des jugements rapides sur les personnes, de s'arrêter à leur apparence physique. Mais ce n'est pas grave, voyez-vous. Lorsque vous êtes entré ici, jeune homme, moi aussi j'ai porté un jugement rapide et injuste sur vous.

Fox haussa un sourcil :

— Oh ! vraiment? Et qu'avez-vous pensé de moi?

— J'ai vu votre visage sans personnalité, votre expression sinistre, votre cravate sans classe. Et je me suis dit que vous deviez travailler pour le gouvernement. Vous êtes... du F.B.I. !

— Vous croyez?

Nutt ricana :

— Je pense que vous avez compris ce que j'essaie de vous expliquer. Je voulais vous montrer qu'en prenant seulement en considération l'apparence des gens on peut commettre des erreurs de jugement énormes. Rendez-vous compte : j'ai pensé que vous étiez du F.B.I.,... hilarant non?

Mulder sortit son badge.

— Mais je *suis* du F.B.I.

Long silence.

Nutt avala sa salive et murmura :

— Voulez-vous bien signer le registre?

Mulder prit le stylo, signa, puis laissa Scully faire de même.

— Est-ce que vous êtes aussi du F.B.I., mademoiselle ? demanda Nutt.

— Oui.

Le petit bonhomme bafouilla.

— Mais... vous êtes une femme !

Scully lui rendit son stylo :

— Vous ne l'avez peut-être pas encore remarqué, monsieur Nutt, mais le monde est plein de surprises et de choses bizarres.

Nutt ne répondit pas et appela le garçon d'étages (quoiqu'il n'y ait pas d'étages dans cet hôtel fait de caravanes !).

Scully reconnut immédiatement l'employé. Elle l'avait vu, ou plutôt elle *les* avait vus à l'enterrement. Le garçon d'étages était le bonhomme qui avait, collé sur l'estomac, un petit corps mal formé et sans tête ; un avorton ; un frère siamois, apparemment.

Il n'avait pas sa flasque d'alcool à la main, comme à l'enterrement, mais à voir la façon dont il marchait, il avait dû picoler pas mal ces dernières heures.

— Lanny va prendre vos bagages et vous conduire jusqu'à vos chambres, fit Nutt d'un ton obséquieux.

— Si vous voulez bien me suivre, fit Lanny d'une voix de basse profonde.

Il ramassa leurs valises, se redressa et avança jusqu'à la porte.

Mulder et Scully le suivirent à l'extérieur le long d'une rangée de caravanes.

— Dites-moi, monsieur Lanny, interrogea Mulder, est-ce que vous avez travaillé longtemps dans des cirques ?

Scully faillit s'étouffer. Mulder était vraiment impossible ! Sa petite altercation avec Nutt ne lui avait donc pas suffi ?

Elle ouvrit la bouche pour demander à Lanny de pardonner la grossièreté de la question de Mulder, mais celui-ci répondit avant qu'elle ait pu dire un mot :

— Ah ! monsieur, le cirque, c'est toute ma vie ! J'ai tenu le rôle de Monsieur Loyal dans la Parade des Monstres pendant la majeure partie de mon existence !

Dana soupira et hâta le pas pour lui demander :

— Mais cela ne vous gênait pas que les gens vous... regardent comme un animal de foire ?

Lanny secoua la tête :

— C'était le meilleur job que j'aie jamais eu ! Tout ce que j'avais à faire, c'était de me tenir devant les gens et de dire : *Mesdames et Messieurs, j'aimerais vous présenter mon petit frère Leonard. Mais pardonnez-lui, il est un peu timide...*

Lanny indiqua le petit corps qui sortait de son ventre.

— Et ça marchait à tous les coups, j'imagine, fit Mulder.

— Ah ! monsieur, les gens riaient, riaient si fort ! C'était un succès total, la gloire !

— Pourquoi avez-vous arrêté, dans ce cas ?

Lanny fit la moue.

— Monsieur Nutt, le gentil directeur de cet établissement m'a convaincu qu'il fallait que je quitte le cirque. Il m'a dit qu'il était indécent de s'exhiber en public et de faire rire de mes difformités et de celles de mon petit frère. J'ai donc quitté le cirque pour sauver ma dignité... Et maintenant, je fais le valet pour les clients.

Il posa les valises par terre, sortit un mouchoir de sa poche et s'essuya le visage.

— Vos caravanes sont juste là, dit-il à Mulder en lui donnant des clés.

Il se pencha pour reprendre les bagages, mais Fox l'arrêta :

— Merci, nous pouvons nous débrouiller tout seuls !

— Dans ce cas, bonne nuit, mesdames et messieurs ! Et ne laissez pas les puces vous bouffer... Enfin, non, c'est-à-dire, je ne voulais pas dire qu'il y a des puces dans notre hôtel, je...

— Vous vouliez dire : ne laissez pas les sirènes du Mississippi vous bouffer ? sourit Mulder.

Lanny titubait de plus belle :

— Ouais, ouais, c'est ça... du Mississi... Mississi...

Mulder le regarda partir. Lanny sortit de sa poche sa petite bouteille et but tout en s'éloignant.

— Tu as vu ce qu'il m'a mis dans la main, Dana ?

Scully se rapprocha.

— Quoi ? qu'est-ce qu'il y a ?

Mulder lui montra un billet d'un dollar qu'il avait entre les doigts :

— Lanny me l'a donné comme pourboire !

Dana secoua la tête.

— Bon, Mulder, revenons aux choses sérieuses. Est-ce que tu ne plaisantes pas avec ton histoire de sirène du Mississippi ?

— Toute enquête implique une recherche des suspects. Vu les caractéristiques des habitants du coin, je pense qu'aucun monstre, qu'il soit mythique ou non, n'est au-dessus de tout soupçon !

— Si tu commences à soupçonner les monstres, cela veut dire que tu soupçonnes tous les habitants de cette ville !

— Bien vu, Dana !

CHAPITRE 7

Ce soir-là, Mulder fit d'horribles cauchemars. Il finit par se réveiller et passa le reste de la nuit à se retourner sans cesse sur son matelas qui était — pour couronner le tout — dur comme du bois.

Scully, dans sa chambre d'hôtel-caravane, fut la proie, elle aussi, de cauchemars.

Mais aucun d'eux n'eut un rêve aussi atroce que celui de Hepcat Helm.

Car Hepcat Helm fit un cauchemar éveillé !

Hepcat adorait travailler au beau milieu de la nuit. C'était le moment où l'inspiration lui venait. Ce soir-là, il était justement en train d'arranger un miroir truqué destiné à sa maison hantée.

Il recula pour admirer son travail, et rit : dans le miroir, son image était horriblement déformée, il ressemblait à un serpent, à un monstre humain !

— Parfait, génial, murmura-t-il, mes clients vont en avoir pour leur argent !

Puis, il ouvrit des yeux ronds.

À côté de son image, dans le miroir, se trouvait une deuxième forme tordue.

Une chose allongée et pâle, toute difforme.

— Qu'est-ce que c'est... ?

Il se retourna, furieux à l'idée que quelqu'un ait osé s'introduire dans son atelier sans sa permission.

Mais ni toutes les horreurs qu'il avait vues ou inventées dans sa vie, ni la forme dans le miroir, ne l'avaient préparé à ce qu'il découvrit.

— Noooooooonnnn !

Il hurla et mit les mains devant son visage pour se protéger. Mais cela ne servit à rien. La puissance de la chose qui l'attaqua était trop grande.

Crrrraaaaccc !

Hepcat tomba en arrière et cassa le miroir en mille morceaux.

Le cauchemar éveillé d'Hepcat Helm avait commencé et pris fin en un instant.

Mais son sommeil allait être éternel.

Mulder se réveilla à l'aube. Il avait toujours en mémoire les images atroces qu'il avait vues dans son propre rêve.

Il décida d'aller faire un peu de jogging — de transpirer pour oublier ses angoisses. De toute façon, l'air frais du matin lui éclaircirait les idées.

Mais en sortant de la caravane, Mulder eut soudain l'impression de se retrouver dans son cauchemar : il faisait toujours nuit, et un épais brouillard flottait sur le camping-hôtel.

Peu importe, se dit-il, et il commença à courir. La brume disparaîtrait avec le lever du soleil.

Mais le brouillard restait toujours aussi épais lorsqu'il

arriva au petit pont, un peu plus loin sur la route. Il s'arrêta, ne sachant plus que faire. Il venait de courir deux kilomètres. Devait-il faire demi-tour maintenant?

Il s'appuya sur le parapet et reprit son souffle. Mais soudain, il aperçut quelque chose qui le fit bondir.

Une tête humaine sortait de l'eau. Un homme chauve, qui tenait entre ses dents un poisson qui bougeait encore.

Mulder regarda le bonhomme sortir du fleuve et remonter sur la rive.

Le corps de l'énergumène était ruisselant. Il n'avait pas un poil sur le torse, mais sa peau était couverte de tatouages bleus, rouges et verts.

Ce type était un véritable personnage de bande dessinée. Mulder, atterré, le regarda s'installer sur le bord du fleuve et déchiqueter le poisson avec les dents puis le manger vivant.

Il s'approcha discrètement de cet étrange individu.

Mais l'homme avait apparemment l'ouïe aussi sensible que celle d'un animal, car il perçut tout de suite que quelqu'un venait.

Il se mit à courir et, malgré sa petite taille, piqua un sprint qui aurait fait pâlir bien des athlètes.

Mulder essaya de le rattraper, mais il était fatigué par son jogging, et de toute façon ce chauve était trop rapide. Il abandonna la poursuite au bout de quelques centaines de mètres.

Il regarda avec amertume le monstre disparaître dans la brume qui flottait sur les bois.

— Du café, murmura-t-il. Il me faut du café, il faut que je me réveille!

Scully fut tirée de son sommeil par quelqu'un qui tambourinait à sa porte. Elle grogna et s'enfonça plus profondément sous les couvertures. Si elle faisait semblant de ne pas entendre, peut-être que son visiteur partirait... Mais non, les coups devinrent plus violents.

Elle attrapa sa robe de chambre et se leva.

Lanny se tenait sur le pas de la porte.

— Excusez-moi de vous réveiller, mademoiselle, fit-il, mais le shérif vient d'appeler. Il veut vous voir immédiatement.

— Ah bon ?

Scully, toujours à demi endormie, ne pouvait quitter des yeux le corps du frère siamois de Lanny qui sortait de son ventre.

Elle se rendait compte qu'il était grossier de le fixer ainsi, mais elle ne pouvait s'en empêcher.

C'était la première fois qu'elle voyait Lanny en plein jour et de près. L'étrange créature soudée à son corps n'avait pas une tête entièrement formée, mais une espèce de bosse entre les épaules. Sur cette bosse se trouvaient des ouvertures étrangement placées qui auraient dû devenir des yeux et une bouche si la nature avait suivi son cours normal.

Dana ne pouvait pas voir le reste du corps miniature. Il portait un petit costume assorti à celui de Lanny. Mais il n'avait pas de manches. Dana en conclut que l'avorton n'avait pas de bras du tout.

Elle fit un effort pour regarder Lanny dans les yeux. Pour une fois, il avait l'air à jeun. Il dit simplement :

— Il y a eu un meurtre, mademoiselle.

CHAPITRE 8

Une heure plus tard, Scully se tenait à côté du corps de Hepcat Helm. Le shérif était là également et la regardait travailler. Mulder, lui, examinait les objets qui se trouvaient dans l'atelier de l'artiste.

Scully possédait son diplôme de médecin et avait fait beaucoup d'autopsies depuis le début de sa carrière au F.B.I., mais c'était la première fois qu'elle voyait une blessure comme celle de Helm. Le ventre de la victime était ouvert.

Elle se tourna vers le shérif et annonça :

— Le crime a été commis avec la même arme que celle qui a tué Jerald Glazebrook. Le meurtrier s'y est pris de la même façon. Je ne peux rien vous dire de plus. Nous voici revenus à la case départ. Je suis désolée de n'avoir rien de plus utile à vous apprendre.

— Je ne suis pas d'accord, fit Mulder. Tout cela est très utile. Nous avons une piste.

— Quel genre de piste ? demanda Scully.

— Ces traces, regarde.

Il y avait du sang par terre.

— Cela ne nous apprend rien, Mulder. Le corps de

Helm est couvert de sang, il s'est littéralement vidé. Où veux-tu en venir?

— Regarde mieux.

Dana se redressa et examina les traces qui se trouvaient près de la tête du défunt.

C'était un dessin grossier représentant la sirène du Mississippi.

— C'est de cela que tu veux parler? Je ne vois pas très bien ce qu'on peut en tirer.

— Je trouve le dessin intéressant, pas toi? Mais ce n'est pas cela qui m'intrigue.

Il indiqua du doigt une traînée sanguinolente qui courait vers l'arrière de l'atelier, puis montait le long du mur jusqu'à la fenêtre.

— Regarde bien la vitre.

— Oui, je vois, elle est pleine de sang aussi. Et alors? Cela nous indique que le tueur a poussé la fenêtre afin de sortir. Il y a du sang partout, tu en conclus quoi?

— Je ne te parle pas de la vitre de la fenêtre, mais de celle du vasistas, juste au-dessus. Je crois que c'est par là que le tueur est entré dans la pièce.

Scully monta sur la pointe des pieds pour mieux regarder.

Sur le moment elle ne vit rien de spécial, puis elle fit observer :

— Oui, en effet, on dirait qu'il y a des traces de sang à l'extérieur de ce carreau.

— Le tueur les a faites en entrant dans l'atelier.

— Tu dis n'importe quoi. Comment le tueur aurait-il pu laisser des traces de sang avant d'avoir tué le pauvre... ?

Elle comprit soudain où son compagnon voulait en venir.

— Je vois, murmura-t-elle pensivement. Ce n'est pas le sang de Helm mais le sang du tueur !

Mulder lui sourit :

— On va pouvoir l'analyser !

— Je vais porter un échantillon au labo de l'hôpital de la ville. Une fois que nous aurons le groupe sanguin, nous pourrons commencer à réduire la liste des suspects. Mais seule une analyse de l'ADN contenu dans ce sang nous permettra d'identifier nommément le criminel. Cela veut dire qu'il faut que j'envoie un autre échantillon au labo d'Atlanta. Ils vont mettre des semaines avant de nous donner une réponse. C'est une analyse difficile, et je sais qu'ils ont peu de personnel et une jolie liste d'attente.

Mulder soupira.

— J'ai bien peur que nous n'ayons pas le temps d'attendre. Le tueur m'a l'air de passer à la vitesse supérieure. Les crimes sont de plus en plus rapprochés. On dirait qu'il devient fou furieux et veut encore plus de victimes.

— Peut-être se sent-il menacé par notre présence, suggéra Dana.

— Je ne sais pas. Peut-être que oui, peut-être que non. Ces crimes n'ont aucun sens, et pour couronner le tout, je ne comprends rien à la façon dont ce type s'y prend pour zigouiller les gens.

Le shérif, qui écoutait attentivement leur conversation, hocha la tête :

— Je suis bien d'accord avec vous. C'est une vraie histoire de dingues. Pourquoi le tueur n'est-il pas entré tout bonnement par la porte ? Elle n'était pas verrouillée. Vous vous rendez compte de la taille de ce vasistas ?

La plupart des gens sont trop gros pour passer par là. Pour s'y glisser, il faudrait être une espèce de croisement entre un acrobate et un contorsionniste.

Mulder lui décocha un clin d'œil :

— Le genre de personne qu'on trouve dans les cirques, n'est-ce pas, shérif ?

— Ouais, ou dans un asile de dingues !

Scully ferma les yeux.

— Voyons, il nous faut donc un suspect à la fois plein de talent et complètement cinglé...

Elle regarda Mulder et vit qu'il pensait à la même chose qu'elle.

— Shérif, dit-elle, pourriez-vous avoir la gentillesse de vous occuper de porter un échantillon de sang au labo ? Nous devons aller rendre visite à... un vieil ami.

— Il est fou, c'est clair et net, murmura Scully.

Accroché à plusieurs mètres au-dessus du sol à un poteau par une corde, un homme, la tête en bas, vêtu d'une camisole de force, se débattait comme un poisson au bout d'une ligne.

Juste en dessous de lui, par terre, se trouvait une cuve contenant du pétrole en flammes.

Une poulie mécanique descendait, lentement mais inexorablement, le curieux personnage vers le feu.

Encore quelques minutes et il serait rôti !

Sa tête n'était plus qu'à un mètre à peine du chaudron lorsqu'il réussit enfin à ôter la camisole, qu'il jeta au sol.

Enfin il s'agrippa avec les mains à ses propres jambes, se redressa, alla souplement attraper la corde qui le retenait, dégagea ses pieds.

Le Dr Cabochard fit un bond et se retrouva à côté du chaudron, l'air triomphant. Il sortit de sa poche un chronomètre et remarqua seulement alors la présence de Mulder et de Scully.

— Pas d'applaudissements? Vous en connaissez beaucoup, vous, des gens qui arrivent à retirer une camisole de force de qualité supérieure en moins de trois minutes?

— Nous n'en connaissons pas, heureusement pour nous, rétorqua Scully.

Cabochard soupira :

— Vous êtes des ploucs sans le moindre sens artistique.

— Au contraire, fit Mulder, nous faisons partie de vos fans. Nous étions à l'enterrement hier, et nous avons vu votre numéro. Vraiment très bien, le truc du pieu dans le cœur.

Le Dr Cabochard le fusilla du regard :

— Un truc? s'écria-t-il. Apprenez, monsieur, que je n'emploie jamais de trucs!

— J'avoue que j'ai failli y croire, sourit Fox. Mais cela prouve, s'il en était besoin, qu'il ne faut pas croire ce qu'on voit.

Le Dr Cabochard se dirigea vers une table couverte d'instruments chirurgicaux tous plus tranchants les uns que les autres. Ils brillaient sous le soleil.

— Ah oui ! Eh bien, on va voir si je peux vous convertir, monsieur le sceptique!

— Je doute que vous y arriviez.

— Le Dr Cabochard n'a pas peur de la douleur! Le Dr Cabochard se livre à des exercices infiniment plus difficiles et dangereux que ce que vous avez vu au cimetière ! Le Dr Cabochard n'a peur ni de la mort ni de la souffrance physique !

Il prit deux longues aiguilles particulièrement pointues. Leurs têtes étaient ornées d'une petite sculpture en forme de crâne humain.

Mais Cabochard les considéra longuement, fit la moue et les reposa sur la table.

— Non, pas assez impressionnant, pas assez dangereux pour faire tomber dans les pommes deux agents du F.B.I. Il faut que j'exécute quelque chose de beaucoup plus difficile.

Il prit un gros clou de charpentier et un maillet.

— Impec ! s'écria-t-il. Regardez attentivement, et ne clignez pas des paupières, ne regardez que moi... J'espère que vous n'avez pas mangé ces dernières heures...

Il inséra lentement le clou dans sa narine gauche, et l'enfonça. Quand le clou refusa d'entrer plus profondément, il prit le maillet et frappa dessus.

Scully serra les dents. Elle n'allait pas faire plaisir à cet imbécile en faisant une grimace dégoûtée, c'était ce qu'il attendait !

— Je vois, dit-elle calmement. Vous faites partie de ces rares personnes qui ne peuvent ressentir la douleur.

Le Dr Cabochard, le clou toujours dans la narine, sourit :

— Vous croyez ce que vous voulez, ma jolie.

Le sourire toujours aux lèvres, il prit de grosses pinces de maréchal-ferrant et commença à extraire lentement le clou de son nez.

— Avez-vous déjà essayé ce tr... pardon, ce numéro devant d'autres personnes que nous ? demanda Mulder.

Cabochard avait encore la moitié du clou dans la narine.

— Ouais, mais je préviens mon public, je leur dis que s'ils sont assez cons pour essayer de faire la même chose une fois rentrés chez eux, ils se retrouveront avec un trou dans le cerveau... si toutefois ces imbéciles ont un cerveau ! Mais vous c'est différent, vous êtes des agents fédéraux. Vous voulez essayer ?

Scully regarda la grosse pince que Cabochard lui tendait et secoua la tête :

— Non, merci, sans façon.

— Sage décision, mademoiselle. Laissez ce genre de numéro aux professionnels, je vous le dis !

Il attrapa de nouveau le clou avec les pinces et commença à tirer en grognant. Mais Mulder s'avança :

— Puis-je essayer ?

— No problemo !

Cabochard lui colla les pinces dans la main et tendit le nez vers lui en une pose ridicule.

Mulder soupesa les pinces tout en demandant :

— Vous dites qu'il n'y a pas de truc ; dans ce cas, comment faites-vous, puisque le commun des mortels n'arrive pas à exécuter ce genre de numéro ?

— J'ai reçu un enseignement d'un grand maître tandis que j'étais au Yémen. C'est là-bas que j'ai grandi. Ensuite, j'ai voyagé à travers le monde, à la recherche des grands sages qui ont découvert les secrets de la résistance à la douleur physique. J'ai étudié avec les plus grands yogis hindous, les fakirs, les Swamis et tous ceux qui détenaient encore les secrets des arts anciens.

— Dans ce cas, je n'ai plus aucune crainte pour votre santé ! fit Mulder.

Il saisit le clou avec les pinces et tira un coup sec. Le clou sortit facilement du nez de Cabochard, couvert d'un filet de sang.

— Bien joué, jeune homme ! Si un jour vous décidez de changer de carrière, venez me voir, je pourrai vous prendre comme assistant. Cela dit, votre jolie partenaire ferait encore mieux l'affaire. Le public adore les jolies filles... à condition qu'elles ne tournent pas de l'œil pendant mon numéro !

Il se tourna vers Dana et ajouta :

— Désolé de dire ça, ma belle, mais vous n'avez pas l'air dans votre assiette.

Scully fronça les sourcils, furieuse à l'idée d'avoir peut-être pâli.

— Je n'ai pas tourné de l'œil, que je sache ! s'écria-t-elle. Ne vous en faites surtout pas pour moi, je suis médecin légiste. En fait, votre petit numéro m'a beaucoup plu. Je sais maintenant que rien de ce que vous faites ne peut plus m'étonner.

— Ah vraiment ? Vous voulez que j'essaie ? Je parie que j'y arrive facilement !

Avant qu'elle ait pu protester, Cabochard fit quelque chose qui... l'étonna fortement.

CHAPITRE 9

« Ce n'est pas possible, j'ai des hallucinations », se dit Dana.

Mais il fallait bien qu'elle se rende à l'évidence.

Le Dr Cabochard commença par aller jusqu'au chaudron.

Puis il prit un gros marteau et le frappa.

La tête d'un homme apparut à la surface de l'eau bouillante.

Son crâne était entièrement rasé. L'homme sortit du chaudron. Son corps presque nu était couvert de tatouages multicolores.

Il se tint un instant devant eux, vêtu seulement d'un petit pagne, dégoulinant d'eau, le sourire aux lèvres.

— Mesdames, messieurs, fit Cabochard, ou plutôt Mesdames et messieurs les agents spéciaux du F.B.I., je vous présente l'Enigme !

Scully vit Mulder ouvrir des yeux ronds comme s'il voyait un fantôme.

Le Dr Cabochard était ravi, et Dana crut qu'il allait saluer. Ce type avait pour seul but dans la vie, non pas d'entendre les applaudissements admiratifs du public, mais de voir les spectateurs tomber dans les pommes !

— Qu'est-ce qui vous arrive, agent Mulder, demanda-t-il, vous n'avez jamais vu un homme sortir d'un chaudron d'eau bouillante ?

Mulder avala sa salive avec difficulté.

— À dire vrai, j'ai déjà vu ce type... sortir de la rivière, ce matin. Il mangeait un poisson vivant !

Soudain, ce fut Cabochard qui eut l'air choqué. Contrarié, même.

Il prit un air sombre :

— Mais combien de fois faudra-t-il que je lui répète qu'il ne faut pas qu'il mange entre les représentations ? Cela risque de lui couper l'appétit !

Mulder sourit :

— Peut-être que je me trompe, peut-être que c'est un autre homme chauve et tatoué que j'ai vu sortir de l'eau !

Scully intervint :

— Est-ce que cette personne, ce... ? Comment l'appelez-vous, déjà ?

Mulder répondit avant Cabochard :

— L'Enigme.

— Est-ce que ce monsieur l'Enigme a également étudié le contrôle de la douleur physique ?

— Pas vraiment, répondit Cabochard. Je lui ai simplement enseigné quelques techniques de base, comme la façon de rester immergé dans de l'eau bouillante. Des exercices simples. L'Enigme a une spécialité très différente de la mienne. C'est ce que nous appelons un ogre dans le langage du cirque.

— Un ogre, répéta Scully.

— Il mange des animaux vivants, fit Mulder.

Cabochard secoua la tête :

— Oh ! pas que des animaux vivants. Il mange de tout, des bêtes vivantes ou mortes, des cailloux, des ampoules électriques, des tire-bouchons, des câbles de batterie de voiture, des...

— Est-ce qu'il mange de la chair humaine ? fit soudain Scully.

Elle regardait l'Enigme dans les yeux, c'était à lui et non pas à Cabochard qu'elle posait la question.

L'Enigme sourit, puis éclata d'un rire idiot.

Cabochard prit de nouveau son air de bateleur de foire, fier de lui :

— Mon ami l'Enigme ne répond pas aux questions, ma chère, il *est* une question, un mystère humain, une interrogation permanente et totalement fascinante ! Quand les spectateurs le voient faire son célèbre numéro du piranha humain, ils sont obligés de se demander comment il arrive à faire ces choses qui ne sont pas possibles pour les autres hommes. Et surtout, pourquoi il les fait !

— Intéressant, fit Dana.

— Ouais, on va essayer de réfléchir à l'Enigme, dans ce cas, soupira Mulder.

Cabochard bondit :

— Mon Dieu, mais je manque à tous mes devoirs d'hôte ! Pardonnez-moi mille fois ! Puis-je vous offrir un petit rafraîchissement, quelque chose à vous mettre sous la dent ?

Il prit un pot et le tendit à Scully.

— Est-ce que c'est...

— Oui, ma jolie, des criquets de première qualité,

élevés biologiquement. Vous pouvez regarder l'étiquette sur la boîte si vous ne me croyez pas. Ils ont été capturés à la main !

Scully regardait toujours les bestioles.

— Je vous crois.

Elle tendit la main, attrapa un des criquets, le mit dans sa bouche et le mordit.

Le criquet craqua sous ses dents.

Elle décocha à Cabochard un sourire ravageur.

— Merci, c'est délicieux. Il faut que vous me donniez l'adresse de votre fournisseur.

Puis elle s'éloigna d'un air dédaigneux.

Mulder se retrouva seul face au prétendu docteur.

— Mon associée est... toujours à la recherche de bonnes petites recettes, sourit-il maladroitement.

Il prit congé et courut pour rattraper Scully.

Une fois à ses côtés, il soupira :

— Heureusement que je n'ai jamais fait de paris stupides avec toi ! Je vois que tu es prête à n'importe quoi pour gagner.

En guise de réponse, Scully tendit la main, attrapa quelque chose derrière l'oreille de Fox.

C'était le criquet.

— Ce petit tour de passe-passe m'a été enseigné par mon oncle quand j'avais huit ans, expliqua-t-elle. Ce n'était qu'un amateur, mais il était tout de même plus doué que ces deux toquards.

Mulder ne répondit pas.

— Ce que ces deux hommes font, continua-t-elle, l'eau bouillante, le clou dans le nez, ce sont des trucs, n'est-ce pas ? Je veux dire, ce que le prétendu Dr Cabochard nous a raconté au sujet de la résistance à la douleur, ce sont des salades. Et l'eau dans laquelle se trouvait l'Enigme n'était pas vraiment bouillante. Il y avait simplement une machine au fond du chaudron, un système qui faisait des bulles et des remous sur la surface de l'eau, hein ? L'Enigme devait avoir une réserve d'oxygène cachée dans le pot.

— Probablement.

— Comment ça, probablement ? C'est une évidence !

— Je sais que cela va à l'encontre de tout ce en quoi tu crois, Scully, mais dans le monde du cirque, rien n'est jamais aussi simple qu'on veut bien le penser. Tu crois avoir découvert la vérité ? Eh bien, plus tu creuses un problème, un mystère, plus tu vas t'apercevoir que ce qu'il te reste au bout du compte, une fois le charabia et les paillettes enlevés, c'est du vide ! Tu parlais de salades ? Je dirais que c'est plutôt comme un oignon, retire pelure après pelure et au centre tu trouveras le néant.

Scully fit la moue.

— Charlatanisme ou pas, le cadavre de Jerald Glazebrook était bien réel.

— Oui, et le sang laissé par le tueur sur l'extérieur du vasistas était bien réel lui aussi. Et le sang qui se trouvait sur le clou que j'ai sorti du nez de Cabochard également... Abracadabra...

Mulder tendit la main et fit apparaître, apparemment de nulle part, le clou en question, encore couvert de sang.

— Moi aussi j'avais un oncle magicien, fit-il en souriant.

CHAPITRE 10

— Peut-être que ce clou va être le clou de notre numéro ! dit Mulder. Si l'analyse montre que le sang sur le vasistas et celui de Cabochard sont du même groupe, alors nous tiendrons une piste... et pas une piste de cirque ! Allons déposer ce machin au labo, qu'ils commencent l'analyse tout de suite.

— Mulder, tu sais très bien que beaucoup de gens possèdent le même groupe sanguin. Ce test ne prouvera rien contre Cabochard.

— Ecoute, un petit indice vaut mieux que pas d'indice du tout, tu es d'accord ?

Il roula soigneusement le clou dans son mouchoir.

— Est-ce que tu m'accompagnes au labo ? demanda-t-il.

Scully lui fit signe que non.

— Vas-y seul. Je vais faire mon enquête de mon côté. Le monde du cirque est vraiment très spécial, il faut que je me documente un peu pour comprendre ces gens.

— Où vas-tu trouver de la doc ?

— J'ai vu un musée des arts du cirque dans la rue

principale, quand nous sommes arrivés. Je vais aller y faire un tour. Ce n'est pas loin.

— O.K., on se retrouve plus tard à l'hôtel... dans ta caravane !

Mulder alla prendre leur voiture de location. Scully continua son chemin à pied.

Elle remonta l'allée qui passait entre les caravanes qui composaient l'hôtel *Big Top*. En passant, elle aperçut des hommes qui érigeaient une pyramide humaine, un lanceur de couteaux qui s'entraînait, et un groupe de nains qui répétaient un numéro avec une voiture miniature.

Tous ces gens la regardèrent passer. Dana eut soudain l'impression qu'elle représentait l'attraction, l'animal du zoo, et pas le contraire !

Elle arriva enfin dans la rue principale de la petite ville, mais là, les choses n'étaient pas différentes : elle rencontra d'abord un monsieur Muscle portant un sac énorme rempli de boîtes de conserve et de paquets de pâtes. Il la regarda d'un air atterré, comme s'il n'avait jamais vu une personne normale dans la région.

Juste derrière lui marchait une femme qui, elle aussi, transportait des provisions, dans des cabas qu'elle tenait... avec ses trois mains.

Fermant la marche, un troisième larron : un unijambiste.

« C'est donc cela qu'on ressent quand on est différent ? » se demanda Scully. Ce ne doit pas être facile à supporter tous les jours !

Elle se sentit soulagée en arrivant devant la porte du petit musée. Elle ne désirait qu'une chose : c'était de disparaître à l'intérieur, hors de la vue de tous ces gens.

De l'extérieur, le musée ressemblait à un vieux drugstore comme on en trouvait dans beaucoup de petites villes américaines. Le panneau au-dessus de la porte annonçait :

MUSÉE DE L'ÉTRANGE

Il y avait une sébile à l'entrée et un carton qui disait :

ENTRÉE GRATUITE POUR LES MONSTRES,
LES AUTRES SONT PRIÉS DE LAISSER
UNE CONTRIBUTION AUX FRAIS

« Ah, voilà un problème intéressant, se dit Dana : est-ce que je suis un monstre, ici, à Gibsonton ? Dois-je payer ? »

Par acquit de conscience, elle glissa deux dollars dans la sébile.

Un homme très âgé apparut soudain. Il était vêtu comme un croque-mort.

— Bienvenue dans notre musée ! s'écria-t-il. Je répondrai à toutes les questions que vous désirerez me poser.

Scully se retint et ne posa pas la première question qui lui vint à l'esprit : *Mon Dieu qu'est-ce qui est arrivé au visage de ce pauvre homme ?*

On aurait dit que ses traits avaient fondu comme cire au soleil. Etait-il né comme cela ? ou cette apparence horrible était-elle le résultat d'une maladie ou d'un accident ?

— Merci de votre amabilité, sourit-elle. Je pense

que je vais commencer par regarder votre collection avant de vous poser d'éventuelles questions.

— Je vais vous servir de guide avec plaisir, mademoiselle.

Il lui fit signe de le suivre vers un mur couvert de photos en noir et blanc. Elles devaient dater du début du siècle.

Scully suivit la visite guidée. Le vieil homme lui indiqua des clichés en expliquant :

— Voici le prince Randian, l'homme tronc. Ici, Frank Lentini, l'homme aux trois jambes. Et, bien sûr, ces deux garçons sont les frères Tocci, des siamois physiquement soudés et n'ayant qu'une seule paire de jambes pour eux deux. Et nous en arrivons, bien entendu, à Chang et Eng, les premiers frères siamois, les seuls, les vrais, ceux qui étaient au commencement.

Juste sous la photo grandeur nature de Chang et Eng se trouvait un paquet de brochures. Scully en prit une.

— Lisez cela lorsque vous en aurez le temps, mademoiselle, dit le vieillard. C'est un petit texte de ma composition.

Scully lut le titre à voix haute :

— *La Vie fascinante des vrais et uniques frères siamois*. Je suis certaine que leur vie a été fascinante, commenta-t-elle, mais est-ce que leur mort a été également intéressante ?

— Pourquoi me posez-vous cette question ?

Dana hésita.

— Je suis ici afin d'enquêter sur la mort d'un... d'une personne très spéciale. Tout ce que je peux apprendre sur ce monde me sera utile.

— Dans ce cas, je vais répondre à votre question. Oui, la mort de Chang et Eng fut également fascinante. Un froid matin de janvier 1874, Eng se réveilla et s'aperçut que son frère était mort durant la nuit. Quelques heures plus tard, Eng mourut à son tour.

Scully sourit poliment.

— Intéressant.

Le guide secoua la tête.

— Je vois que vous n'avez pas saisi en quoi cette mort est si intéressante. Pensez-y, pensez à Eng, étendu là, seul. Il est seul pour la première fois de sa vie.

La main du vieil homme se referma sur l'épaule de Dana et il se rapprocha d'elle en murmurant :

— Vous êtes seule pour la première fois ! Vous savez qu'une moitié de votre corps est morte et que l'autre partie devra mourir aussi dans les heures qui viennent. Et il n'y a rien que vous puissiez faire pour empêcher cela !

Il relâcha son épaule. Elle hocha la tête.

— Fascinant, en effet. Mais dites-moi, officiellement, quelle fut la cause de la mort ? Que disait le certificat de décès ?

— Chang est mort d'une hémorragie cérébrale.

— Et Eng ?

— Il est mort de peur.

Scully ne put s'empêcher de frissonner. Elle se dépêcha de changer le sujet de la conversation.

— Est-ce que vous connaissez bien les ogres et les avaleurs de clous ?

Le vieil homme haussa les sourcils.

— Ce musée est consacré aux bizarreries de la

nature, aux monstres. Les « avaleurs de clous », comme vous dites, sont des artistes de talent, rien de plus.

— Vous voulez dire des magiciens ?

— Je dirais qu'ils se rapprochent plus des avaleurs de sabres du siècle dernier.

— Et les ogres ?

— Ce qu'ils font ne requiert aucun talent. Et ils ne font pas non plus partie de la famille des monstres. Ce ne sont que des êtres répugnants. Ils ne valent même pas un bon truqueur.

— Un truqueur ?

Il lui montra une autre photo. Elle représentait deux hommes joints par la hanche, ayant également une seule paire de jambes.

— Ce sont des siamois célèbres, eux aussi ? demanda-t-elle.

Le guide sourit.

— Vous avez beaucoup de choses à apprendre. Regardez leurs visages. Leurs traits sont différents. Or, les frères siamois sont toujours de vrais jumeaux. Ces deux messieurs sont des truqueurs. Leur numéro de frères siamois est un faux.

Scully se rapprocha et examina la photo de plus près.

— Effectivement, dit-elle. Je vois où se situe le trucage. Un des deux a les jambes autour de la taille de l'autre. Le pantalon bouffant et la veste cachent mal la supercherie. Est-ce qu'il y a beaucoup de faux comme ceux-ci dans les parades des monstres ?

— Il y en a eu un certain nombre dont les noms, bizarrement, sont passés à la postérité.

— Comme la sirène du Mississippi? demanda Scully.

Le vieillard éclata de rire et ne répondit pas.

— Monsieur, insista-t-elle, je vous serais très reconnaissante si vous pouviez me donner des détails sur cette sirène. Cela pourrait avoir un rapport avec mon enquête et avec les meurtres.

— Si, comme je le pense, vous êtes ici pour enquêter sur la mort de Jerald Glazebrook, l'homme alligator, dans ce cas, il faut que vous lisiez ceci.

Il lui passa une autre petite brochure intitulée :

LA VIE DE JIM JIM L'ENFANT-CHIEN

Sous le titre, on découvrait une photo représentant le visage d'un jeune homme complètement couvert de longs poils.

— Je ne vois pas en quoi cela pourrait avoir un rapport avec la mort de Jerald Glazebrook.

Le vieil homme sourit gentiment.

— Peut-être que cela n'a aucun rapport ou peut-être que si... A vous de le découvrir!

— J'espère me montrer digne de votre confiance, soupira cyniquement Scully en empochant la brochure. Merci de votre aide et de votre gentillesse, en tout cas.

Le vieillard la regardait fixement, et elle sentit nettement qu'il hésitait à lui confier un secret. Elle attendit patiemment. Il se mordit la lèvre, puis finit par ajouter :

— Si vous voulez vraiment découvrir la vérité sur le meurtre de l'homme alligator, j'ai quelque chose à vous montrer.

— Quoi ?

— Suivez-moi par ici !

Il l'emmena vers la porte arrière du musée.

— J'ai récemment fait l'acquisition d'une pièce rare, un Barnum garanti d'origine. Je ne le montre pas à tous les visiteurs. Je réserve cet honneur à ceux qui sont réellement intéressés, et surtout à ceux qui ont le cœur bien accroché. Barnum l'appelait *le grand mystère*. Est-ce que vous êtes prête à regarder en face cette... chose ?

— Si cela peut m'aider à résoudre l'affaire Glazebrook, oui, bien entendu.

— Je vous assure que cela va vous aider.

— Dans ce cas, ouvrez la porte, que je voie ce dont il s'agit.

— Je voudrais d'abord vous demander deux petites faveurs, fit soudain le vieillard d'un ton grave.

— Avec plaisir.

— Ne dites à personne ce que vous aurez vu là-dedans.

— Vous avez ma parole. Mais est-ce que je peux en parler avec mon collègue ?

Il réfléchit un instant :

— Si vous me promettez qu'il gardera lui aussi le silence, c'est d'accord.

— Il sait garder un secret, je me porte garante de lui. Et l'autre petite faveur ?

— Une donation de vingt dollars de plus... pour couvrir les frais occasionnés par l'entretien de... cette chose.

Scully sortit l'argent et le lui donna.

Le vieil homme mit les billets dans sa poche, puis ouvrit la porte.

Scully entra, la porte claqua derrière elle.

Elle entendit qu'on la refermait à clé.

Elle se trouvait seule avec... le grand mystère.

CHAPITRE 11

Scully regarda autour d'elle. Elle demeurait seule, enfermée dans une petite pièce sans fenêtres. Une simple ampoule au bout de son fil éclairait la salle. Les murs de béton étaient couverts de toiles d'araignées et de moisissures. L'air était humide et lourd.

« On se croirait dans une tombe », se dit-elle.

Elle frissonna.

Le seul objet dans la pièce était constitué par une boîte en bois avec des trous sur les côtés. De grosses chaînes la retenaient au sol.

« Ce n'est pas un cercueil, les trous doivent se trouver là pour permettre à ce qui existe à l'intérieur de respirer, se dit-elle. Donc... c'est vivant ! »

Il fallait maintenant aller voir de plus près ce que c'était.

Scully s'aperçut que le couvercle de la boîte n'était pas cadenassé.

— J'ai de la chance... enfin, j'espère.

Elle écarta les chaînes et, lentement, avec d'infinies précautions, souleva le couvercle.

Le panneau de bois émit un grincement sinistre.

Dana s'attendait à découvrir la chose la plus horrible qui fût, la plus inattendue... mais elle ne se sentait pas prête pour ça !

Elle se pencha sur le contenu de la boîte.

Rien. Celle-ci était vide !

Juste à cet instant, un panneau au néon s'alluma au fond de la pièce :

SORTIE

En dessous se présentait une porte.

Scully fit la grimace.

Le musée lui avait permis de comprendre ce qu'était une partie du monde du cirque.

Elle s'était fait avoir.

Elle se trouvait au pays des charlatans !

En arrivant près de la caravane de Scully, Mulder fronça les sourcils.

Il entendit soudain un bruit métallique et une respiration lourde provenant de sous la roulotte. Il se figea. Il n'aimait pas avoir une arme sur lui, mais le règlement l'y obligeait.

Et justement, pour une fois, il était heureux de porter son revolver sur lui.

L'arme au poing, Mulder se mit à genoux et commença à ramper sous la caravane.

Avant d'avoir pu faire un mètre, il se retrouva nez à nez avec M. Nutt, le patron de l'hôtel.

Ils se toisèrent.

— Est-ce que l'agent Scully sait que vous êtes sous sa chambre ? demanda Mulder d'un air méchant.

Nutt haussa les épaules.

— Je réparais sa plomberie.

— Ben voyons, bien entendu ! Et à part la plomberie, vous vous intéressez à quoi ?

Soudain, la porte de la caravane s'ouvrit, et Scully apparut :

— Ça y est, l'eau coule de nouveau ! merci, monsieur Nutt !

Celui-ci décocha un sourire assassin à Fox.

— Mulder, fit Dana, qu'est-ce que tu fabriques avec ton revolver à la main ?

— Je lui fais prendre l'air.

Il remit rapidement son arme dans son holster et changea de sujet :

— Alors, qu'est-ce que tu as trouvé au musée ?

— Trouvé ? Voilà une expression... qui demande réflexion de ma part.

Elle lui fit signe d'entrer.

— Tu sais, Mulder, tu avais raison, rien n'est simple dans le monde du cirque. Est-ce que tu as les résultats des tests sanguins ?

— Le sang trouvé sur la fenêtre est du même groupe que celui qui était sur le clou que j'ai extrait du nez de Cabochard : O négatif. J'ai fait quelques recherches sur ce prétendu docteur. Il s'appelle en fait Jeffrey Swaim. Il n'a pas grandi au Yémen mais à Milwaukee. Et il n'est pas docteur, bien entendu.

— Est-ce qu'il a un casier ?

— Rien, à part quelques contredanses. J'ai fait des recherches sur les gens du voyage installés dans la région. Le shérif Hamilton m'a aidé. Ils ont tous un casier vierge.

Scully soupira.

— Moi aussi j'ai fait quelques recherches personnelles, je ne voulais pas avoir perdu complètement mon après-midi.

— Tu as fait des recherches sur qui ?

Scully ouvrit la brochure qu'elle tenait à la main et commença à lire :

— *Cet orphelin fut trouvé dans la forêt en Albanie en 1933. Il attrapait lui-même des animaux qu'il mangeait, et ne savait pas parler. Il s'exprimait uniquement par grognements.*

— Intéressant, ce conte de fées, mais je ne vois pas le rapport...

— Écoute la suite, ça devient plus instructif, tu vas comprendre où je veux en venir.

Elle poursuivit sa lecture :

— *On le mit dans une cage et on l'amena aux Etats-Unis où il fut montré comme curiosité au public. Les spectateurs étaient terrifiés par la façon dont il dépeçait avec les dents des quartiers de viande crue. Puis il s'échappa un jour de sa cage et disparut. Il réapparut bien des années plus tard, à Gibsonton où, le détail est piquant, il choisit de devenir membre des forces de l'ordre. Il s'est montré extrêmement efficace en tant que shérif et son talent de policier n'est plus à prouver.*

Mulder grimaça :

— Attends, tu es en train de me dire que le shérif Hamilton...

— Je suis en train de te dire que le shérif Hamilton, avant de devenir shérif, s'appelait Jim Jim l'enfant-chien.

Elle passa la petite brochure à Mulder qui la prit et

l'examina. Il regarda longuement la photo sur la couverture.

— J'ai du mal à y croire.

— Ce que tu viens de dire pourrait servir de devise à cette bonne vieille ville!

Mulder soupira.

— Bon, ce qui signifie qu'il faut que j'ajoute le nom du shérif à la liste des suspects.

— Quelle veine ! nous qui manquions justement de suspects! ricana Dana.

— Ne devenons pas cyniques. Allons plutôt rendre une petite visite à ce cher Jim Jim. Nous allons peut-être enfin découvrir quelque chose d'intéressant.

— J'ai vu suffisamment de choses « intéressantes » pour aujourd'hui, merci!

Une heure plus tard, Scully commençait à se demander sérieusement si elle n'aurait pas mieux fait de devenir expert-comptable plutôt que d'entrer au F.B.I.!

Elle était accroupie dans la pénombre aux côtés de Mulder, derrière la cabane à outils au fond du jardin du shérif Hamilton.

Et ce brave shérif avait l'air particulièrement grand et menaçant, dans la lumière de la pleine lune. Il était en train de creuser un trou dans le sol. Il finit enfin par poser sa pelle et s'essuya le front. Puis il se pencha vers le trou.

Dana se tourna vers Mulder et échangea avec lui un regard perplexe.

Mulder haussa les épaules. Lui aussi se demandait

bien ce que le flic était en train de fabriquer. Apparemment, il ramassait quelque chose dans la terre.

Mais soudain, Dana distingua nettement l'objet qu'Hamilton tenait dans sa main : un couteau. La lame brilla.

Le shérif coupa quelque chose — ce qu'il avait déterré — puis se frotta longuement les mains.

Au bout d'un moment, il se redressa, et commença à reboucher le trou.

Sa silhouette se découpa de nouveau à contre-jour. Il se dirigea enfin vers sa maison.

— Bon, fit Dana à voix basse, je ne vais pas dire ce à quoi je pense, parce que je suis une scientifique. Mais, d'un autre côté, nous connaissons tous les deux le folklore populaire et les légendes... et c'est une nuit de pleine lune...

— Je suis d'accord. Mais il faut que nous allions jeter un coup d'œil nous-mêmes. Ce n'est pas parce que Hamilton avait un système pileux délirant dans sa jeunesse qu'il est forcément un...

— Je suis bien d'accord, fit Scully. Imaginer qu'il est coupable à cause de son apparence physique serait aussi stupide que d'envisager que la couleur de la peau d'une personne est liée à...

— Je suis d'accord.

— Tu es d'accord, répéta Scully.

— Cela dit...

— Oui, cela dit...

— Bon, allons voir ce qu'il en est réellement.

Mulder se redressa et, Dana sur les talons, s'avança aussi discrètement que possible dans le jardin. Il commença à creuser à mains nues. La terre était meuble, c'était facile. Au bout d'une minute il annonça :

— Ça y est ! Je ne sais pas ce qu'il y a là-dedans mais... je le tiens ! Laisse-moi le temps de le sortir, et...

Il n'eut pas le temps de finir sa phrase, une puissante lumière les aveugla.

Dana se couvrit partiellement les yeux et reconnut le shérif. Il tenait une lampe torche dans une main et un 45 millimètres dans l'autre.

— Je peux vous demander ce que vous foutez dans mon jardin ? demanda-t-il d'un ton peu aimable.

Mulder exhiba ce qu'il avait pris dans le sol... un morceau de pomme de terre.

— Ben, c'est-à-dire... je... j'étais en train d'exhumer votre... patate, bafouilla-t-il.

— Et pourquoi exhumez-vous ma... patate ? demanda le shérif en imitant son ton.

Bonne question. Comment répondre avec tact ?

Scully fit une tentative :

— Shérif, nous savons que la plupart des tueurs en série sont fascinés par le travail de la police. Il arrive même que certains deviennent membres de polices municipales. Il était donc normal, dans le cadre d'une enquête de ce type de...

— De déterrer des pommes de terre ? ricana Hamilton.

Mulder choisit de dire la vérité :

— Shérif, nous venons d'apprendre que dans le passé vous étiez l'enfant-chien.

Il sortit la brochure de sa poche, la donna au flic et attendit sa réaction.

Hamilton regarda la photo sur la couverture.

Puis il éclata de rire.
— Mon Dieu, dire que j'étais mince à l'époque !
— Donc c'est bien vous sur cette photo ? demanda Scully.
Le shérif Hamilton sourit avec nostalgie :
— Bien entendu, c'est moi. J'ai passé toute mon enfance et mon adolescence sous le nom de Jim Jim. Puis, un matin, j'ai découvert que je commençais à perdre mes cheveux. Et pas seulement mes cheveux, mon job aussi ! Petit à petit tous mes poils sont tombés et je n'étais plus l'enfant-chien. Cela dit, j'ai encore le corps très velu. C'est pour ça que vous ne me verrez jamais à la plage.
— Mais tout cela n'explique pas la patate... heu, la pomme de terre, remarqua Scully aussi froidement qu'elle le pouvait.
— C'est un peu gênant, murmura Hamilton. J'ai des verrues sur la main et...
— Quel rapport ?
Hamilton le regarda d'un air surpris :
— Vous ne connaissez pas ce remède de bonne femme ? Pour se débarrasser des verrues, vous frottez une tranche de pomme de terre sur votre main et vous l'enterrez une nuit de pleine lune.
— Ben voyons...
Scully donna un coup de coude à Mulder et fit :
— Oui, je crois que j'ai entendu parler de ce genre de trucs, en effet.
— Est-ce que votre enquête avance ? demanda le flic en changeant de ton.
Il y eut un long silence.
— Je vois, ça va très mal, hein ?

— En fait, nous pensons que quelque chose va se produire d'un jour à l'autre, répondit Mulder.

— Quelque chose de pas forcément très sympathique, ajouta Scully. Le tueur devrait frapper à nouveau.

CHAPITRE 12

L'Enigme entendit soudain un grognement.

Il crut d'abord que ce bruit était produit par son estomac.

Celui-ci gargouillait toujours. Depuis sa naissance, l'Enigme avait toujours entendu son estomac faire des bruits, crier famine. Mais les douceurs les plus délicieuses, comme une belle grenouille bien grasse et vivante, une boîte d'asticots pour la pêche, ou une poule avec toutes ses plumes bien craquantes, ne pouvaient pas faire taire son estomac !

Mais, ce soir, pour une fois, ce n'était pas son bavard d'estomac qui grognait.

L'Enigme aperçut dans la lumière de la pleine lune le petit chien d'Hiram Nutt.

L'animal lui montrait les dents.

L'Enigme se lécha les babines, puis essaya de résister à la tentation. Mais il avait faim, il avait toujours faim.

Il savait bien que le Dr Cabochard lui avait dit que c'était très vilain de manger entre les représentations... très très très vilain...

Mais ce soir le docteur était parti. Il avait quelque chose de très important à faire, ouais, le Dr Cabochard l'avait dit : très très très important...

Et voilà que l'estomac de l'Enigme se mit à gargouiller. On aurait dit qu'il voulait accompagner les grognements du chien. L'Enigme ne voyait plus que le petit animal : ah ! la bonne fourrure, les bons petits os, et les yeux, le sang... et la queue comme dessert !

Le chien dut comprendre que l'Enigme salivait en le regardant, car il s'arrêta soudain de grogner et se sauva à toutes pattes en poussant des « pouic-pouic » paniqués.

L'Enigme s'élança à sa poursuite. Cela ne le gênait pas d'avoir à courir après son dîner ; en fait, cela l'amusait même, ça le mettait en appétit.

L'Enigme courait vraiment très vite, mais le petit chien était encore plus rapide, et il n'avait pas beaucoup de trajet à faire avant d'être enfin à l'abri.

L'animal arriva devant la porte de la réception de l'hôtel *Big Top* et se glissa par la petite trappe découpée dans la porte et sur laquelle était marqué : *Entrée pour chiens*.

Un instant plus tard, l'Enigme se retrouvait devant le petit M. Nutt, qui avait l'air fou furieux.

— Combien de fois faudra-t-il que je te le dise, espèce de grand crétin ? Commodore est mon chien, pas un hamburger ! Touche un seul poil de sa tête et je vous fous à la porte, toi et cet abruti de Cabochard ! Vous irez loger ailleurs !

L'Enigme baissa la tête d'un air honteux. Pourquoi faisait-il toujours des choses très très très vilaines ? Pourquoi est-ce qu'il ne faisait pas ce que disait le

Dr Cabochard, le plus grand génie de la terre, son ami, son protecteur ?

Mais l'Enigme avait plus d'estomac que de cervelle, et tout en ressentant de la honte, il continua à regarder le chien avec appétit.

— Et puis qu'est-ce que tu fais dehors, tout seul au milieu de la nuit, hein ? demanda Nutt. Est-ce que Cabochard est suffisamment idiot pour te laisser livré à toi-même ?

L'Enigme se pencha et prit un morceau de papier qui était accroché à son pagne par deux des aiguilles à tête de mort appartenant au bon docteur. Il donna le bout de papier à Nutt.

Le petit homme lut, puis fit :

— O.K., rentre dans ta caravane, et essaie de ne plus faire de bêtises à l'avenir !

Mais l'ogre ne bougea pas.

— Oui, je sais ce que tu veux, sourit Nutt en regardant les aiguilles. Cet abruti de Cabochard a dû dire que je t'en ferais cadeau comme récompense pour m'avoir apporté ce chèque. Eh bien non, je garde ces épingles ! Cela t'apprendra à courser mon pauvre chien. Va te trouver un casse-croûte ailleurs !

Nutt lui claqua la porte au nez, regarda le chèque dans sa main, puis soupira en se tournant vers son chien :

— Commodore, pourquoi faut-il toujours que ce soit les clients dont j'aimerais bien me débarrasser qui paient leur loyer d'avance ?

Comme pour lui répondre, le chien alla vers la porte et grogna.

L'Enigme devait encore être dehors, à guetter sa proie.

— Je te préviens, l'asperge, cria Nutt, j'ai un revolver et je serais content de te tirer dessus, alors fiche-moi le camp !

Commodore ne grognait plus, il aboyait maintenant furieusement.

— Qu'est-ce qui se passe ?

Nutt regarda par le judas. Mais soudain, quelque chose l'attrapa par la cheville.

— Qu'est-ce que...

Il baissa les yeux. Une petite main déformée était passée par la trappe du chien et le tirait.

— Nooooon !

Il tomba au sol.

La main le tirait vers l'ouverture. Nutt s'agrippa à un meuble, tira, se dégagea, et alla atterrir sur le dos.

Il souffla, se retourna.

Quelque chose utilisait la porte pour chiens...

Une forme si horrible qu'il faillit s'évanouir.

Nutt poussa des cris atroces.

Puis il se tut.

Et dans la nuit redevenue silencieuse, on pouvait entendre le chien Commodore qui hurlait à la mort.

On frappait à la porte de la caravane de Scully. Mais elle ne broncha pas.

Elle était fatiguée, elle avait envie de dormir tranquille.

Ce bruit n'existait pas... elle ne voulait pas qu'il existât... hummmm, l'oreiller sur la tête et on se trouvait coupé du monde !

Mais, malgré l'oreiller, elle entendit soudain une voix hurler :

— Réveillez-vous ! Au secours ! réveillez-vous, vite !
— O.K., O.K., j'arrive !
Dana soupira — le devoir avant tout ! — et enfila sa robe de chambre.
Sur le pas de la porte, elle eut la surprise de trouver Lanny.
Il était pâle comme un linge.
— Je dormais, qu'est-ce qui se passe ? grogna-t-elle en se frottant les yeux.
Lanny bafouilla :
— Désolé, pardon, mademoiselle mais... (Sa voix se brisa :) Il est mort ! mort !
Scully s'avança vers lui et lui fit signe de se calmer :
— Calmez-vous, Lanny ! De qui s'agit-il ? Commençons par le commencement. Qui est mort ?
Lanny pleurait comme un bébé :
— Mon meilleur ami, mon seul ami ! M. Nutt... je l'ai trouvé, il est...
Lanny se mit à grelotter. Il avait dû vivre quelque chose d'horrible.
Scully n'avait plus du tout sommeil. Elle redevint immédiatement un agent du F.B.I. en mission : froide et professionnelle.
— Attendez-moi ici, je m'habille.
En deux temps, trois mouvements, elle fut prête. Elle rejoignit Lanny à l'extérieur de la caravane.
— Allons-y. Où avez-vous trouvé le corps ?
Le bonhomme ouvrit de grands yeux.
— Oh... je ne sais pas si je dois vous y amener... c'est si horrible et si... mon Dieu ! vous êtes une femme et personne ne devrait voir un spectacle comme celui que je...

— Ne vous en faites pas pour moi. Je suis médecin légiste, j'ai déjà examiné pas mal de cadavres amochés. Cela fait partie de mon travail.

Lanny fronça les sourcils :

— Croyez-moi, mademoiselle, vous n'avez jamais rien vu d'aussi horrible que ce que vous allez voir !

CHAPITRE 13

Scully s'accroupit pour mieux regarder la petite trappe marquée : *Entrée pour chiens*. Elle voulait examiner de près le filet de sang qui se trouvait dessus.

Derrière elle, le shérif Hamilton déclara soudain :

— Lanny affirme que la porte était fermée de l'intérieur quand il est arrivé. Il a dû se servir de sa clé pour pouvoir entrer. Toutes les fenêtres étaient fermées hermétiquement de l'intérieur, elles aussi. La seule voie d'accès était cette petite porte pour clébards. Mais personne ne pourrait se glisser par là... à part un chat ou un chien.

Mulder appela :

— Hé ! Scully, viens voir !

Mulder était à genoux à côté du corps de Nutt. Scully le rejoignit en faisant attention à ne pas marcher dans la longue traînée de sang qui ornait le tapis entre la porte et le cadavre.

— Je me demande bien qui a pu réussir à passer par la trappe à chiens, fit Mulder. Mais je sais à qui appartient ceci. Regarde, ça ne te rappelle rien ?

Il souleva le bras de Nutt.

Le malheureux avait dans la main deux longues aiguilles ornées d'un crâne humain en miniature.

— Tiens, tiens, comme on se retrouve !

— Tu les reconnais ?

— Voyons, comment pourrais-je oublier un homme aussi charmant ? S'il est capable de s'enfoncer des clous dans le nez et de s'échapper d'une camisole de force, Dieu sait quels sont ses autres talents cachés ! Je pense que nous avons enfin une piste sérieuse. Et si tu ajoutes encore *piste de cirque* je te préviens : je hurle !

— Tu as peut-être raison, Cabochard pourrait fort bien...

Mulder ne put achever sa phrase. Un bruit sourd résonna dans la pièce.

Jusqu'à présent, Lanny avait suivi la conversation, debout dans un coin de la pièce, tout en vidant sa flasque d'alcool à grandes rasades.

Et maintenant, il était en train de donner des coups de poing dans le mur.

— Mon seul ami ! hurlait-il hystériquement. Mon frère, mon seul ami est mort !

Scully voulut aller vers lui et essayer de le calmer, mais le shérif fut plus rapide.

— Calme-toi, mon gars, dit-il gentiment. Tu vas finir par te blesser.

— Je m'en fous !

— Ah oui ! tu t'en fous ? Si tu te blesses, je te colle au trou pour voie de fait, O.K. ? Alors, calme-toi !

Le shérif se tourna vers Mulder et Scully et expliqua :

— Il pique parfois sa crise. Dans ces cas-là, je le

mets à l'ombre quelques jours, le temps que son organisme évacue le trop plein d'alcool. Puis je le relâche. C'est un brave type, mais il boit trop.

Mulder fit signe qu'il comprenait.

— Shérif, vous vous occupez de Lanny, nous nous occupons de ce cher Dr Cabochard, ou plutôt de M. Jeffrey Swaim, puisque c'est son vrai nom.

Le shérif attrapa Lanny qui se laissa faire. Le visage ruisselant de larmes, le malheureux avait l'air quasiment sonné et pleurait.

Mulder regarda Dana et vit qu'elle considérait le cadavre en secouant la tête.

— Qu'est-ce qu'il y a? demanda-t-il. Est-ce que tu as repéré quelque chose que j'ai loupé?

— Non, pas vraiment. Mais j'ai fait des cauchemars si horribles ces dernières nuits. Je m'attendais presque à ce que ce nouveau crime soit plus...

— ... monstrueux?

— Oui, quelque chose comme ça.

Mulder sourit :

— Ne sois pas trop déçue. Ce cadavre est tout de même bien amoché. Et puis, ce n'est pas tous les jours que le suspect numéro un est un type qui se plante un clou dans le nez en guise de petit déjeuner!

— Il doit encore dormir à cette heure-ci, comme tout citoyen qui se respecte.

Mulder frappa à la porte de la caravane de Cabochard.

— Eh bien, il pourra toujours aller se plaindre au shérif! De toute façon, un grand maître comme lui ne doit jamais dormir.

— C'est ouvert, entrez ! cria la voix du soi-disant docteur.

Scully suivit Mulder à l'intérieur de la roulotte.

Le Dr Cabochard était bien au lit.

Mais il avait dû emprunter celui-ci à un fakir !

Scully déglutit, puis respira à fond, sortit son badge et annonça :

— Monsieur Swaim, nous sommes des agents fédéraux et nous avons des questions à vous poser à titre officiel. Vous avez le droit de garder le silence mais...

— Je vais vous répondre dans un instant mais pour le moment je suis... un peu occupé !

Le docteur leur montra ce qu'il tenait dans la main : des fils de pêche, tous reliés à des hameçons qui étaient piqués dans sa poitrine.

Il tira sur les fils, sa peau se souleva.

— Ça fait réfléchir, hein ? Imaginez ce que ressent une truite ! sourit-il.

— Monsieur Swaim... commença Scully, prête à lui débiter la tirade officielle : *Vous avez le droit de garder le silence, patati patata...* Mais elle s'arrêta et demanda :

— Ça doit faire mal, non ?

— Pas vraiment, ma jolie. C'est une variante de la cérémonie indienne appelée la danse du soleil. Je me suspends au bout de ces crochets, et quand la douleur devient trop insupportable, mon esprit est obligé de quitter mon corps.

Scully haussa les sourcils :

— Votre esprit quitte votre corps ?

Elle se tourna vers Mulder, qui remarqua :

— Voilà qui va poser des problèmes légaux si nous

vous interdisons de quitter la ville ! Et où allez-vous quand votre esprit...

— C'est une question qui n'a pas de sens, mon cher agent fédéral, rétorqua Cabochard. Je libère mon esprit, mon âme. Il n'y a pas de lieu au niveau spirituel.

— Je suis désolée d'avoir à intervenir dans votre vie spirituelle, monsieur Swaim, soupira Scully. Mais il va falloir que vous nous suiviez. Nous avons des questions à vous poser au sujet de plusieurs meurtres récents.

— Je ne parlerai qu'en présence de mon avocat !

— Très bien, fit Mulder. Nous allons le contacter. Qui est votre avocat ?

— Je suis mon avocat !

Scully dut faire un effort pour ne pas éclater de rire. Ce type était vraiment... Non, il n'y avait pas de quoi rire, en fait.

Elle sortit de sa poche une paire de menottes et attrapa Cabochard par l'épaule, le forçant à se lever de son lit de clous. Elle avait tellement l'habitude de se servir de cette paire de menottes qu'elle aurait pu les passer aux poignets d'un suspect les yeux fermés.

— Qu'est-ce qui vous donne le droit de faire cela ? hurla le bon docteur.

Dana lui fit mettre les mains derrière le dos et lui passa les bracelets.

— Il me semble vous avoir dit que nous étions agents fédéraux.

— Et il me semble vous avoir dit que j'étais le roi de l'évasion, rétorqua Cabochard.

— Non de D...

Dana ouvrit des yeux ronds et s'aperçut soudain... que c'était elle qui avait les menottes aux poignets!

— Comment avez-vous fait ça?

Mais Cabochard ne se donna pas la peine de lui répondre. Il la poussa violemment. Elle tomba contre Mulder et le charlatan de service partit en courant par la porte ouverte.

Mulder voulut aider Dana à se redresser, mais il trébucha et alla s'affaler de tout son long sur le lit de clous!

— Mulder!

Il était immobile, les bras écartés, les yeux ouverts.

Elle tendit la main pour l'aider à se redresser.

Mais avant qu'elle ait pu l'atteindre, il était debout. Sa veste, elle, resta clouée sur le lit.

— Ah! le tweed irlandais, sourit-il. Le vendeur m'avait dit que ça résistait à la pluie mais il ne m'avait pas dit que ça résistait aussi aux clous!

— Tu n'es pas blessé? demanda Scully, inquiète.

— Je crois que ce lit est plus confortable que celui qui est dans ma caravane. Et toi, ça va? Tu es pâle.

Scully lui tendit les poignets. Il considéra pensivement les menottes, sortit une clé de sa poche et la libéra.

— Cabochard est dans la nature.

— Oui, Mulder. Nous n'avons pas réussi à l'attraper dans cette petite pièce, alors dehors, ce sera impossible. Surtout s'il peut quitter son corps!

A ce moment précis, une large silhouette apparut dans l'encadrement de la porte. Le shérif Hamilton.

— Regardez ce que je viens de pêcher ! claironna-t-il.

Il tira sur les fils qu'il tenait dans la main et Cabochard apparut, les hameçons toujours dans le torse.

— Aïe ! hurla-t-il.

CHAPITRE 14

— Aucun mur, aucun barreau, ne peut retenir le Dr Cabochard, je vous préviens!

— C'est ça, c'est ça, sourit Hamilton. Tu sais, ici à Gibsonton, on connaît tous les trucs. J'ai déjà eu des rois de l'évasion comme locataires. Et aucun n'a disparu!

Le shérif tenait fermement le bonhomme par le bras. Il le poussa à l'intérieur de la prison. Scully et Mulder les suivaient, l'arme au poing au cas où. La prison était petite et composée de deux cellules situées derrière le bureau du shérif.

— Ce n'est pas ce que je voulais dire! protesta le docteur. Je suis innocent, vous ne pourrez pas légalement me garder! Vous n'avez rien contre moi, vous n'êtes que des charlatans!

Scully sourit :

— Intéressant. *Charlatan*, dites-vous? Je me demande où vous avez pu apprendre ce mot-là!

Cabochard haussa les épaules.

— En fait, j'ai peut-être tort de m'énerver. Je devrais même vous remercier. Grâce à vous et à cette arrestation injustifiée, je vais passer à la télé ! Ça va me faire une pub gratuite.

— En parlant de pub, est-ce que cet objet vous appartient ? demanda Mulder en lui présentant une des aiguilles trouvées sur le pauvre M. Nutt.

Cabochard regarda l'objet enveloppé d'un plastique protecteur marqué *pièce à conviction.*

— Je suis peut-être un homme doué de pouvoirs occultes extraordinaires, déclara-t-il d'un air très digne, mais je n'en reste pas moins un citoyen américain. Et le cinquième amendement de notre belle constitution stipule que personne ne peut m'obliger à dire des choses qui pourraient être utilisées contre moi.

— Dans ce cas, je pense que je vais appeler une commission psychiatrique. Vos pouvoirs occultes les intéresseront.

— Vous allez gaspiller l'argent du contribuable ! Pensez à tout ce fric que le F.B.I. gaspille pour poursuivre de pauvres gens comme moi ! C'est un scandale.

— Vous avez l'intention de changer de carrière et de vous lancer dans la politique ? demanda Scully.

— Je suis un homme aux talents infinis. Vous verrez ce que vous verrez au procès !

— J'ai hâte de voir ça.

Avant que Cabochard ait pu rétorquer quoi que ce soit, un grognement épouvantable résonna dans une des cellules.

— Qu'est-ce qui se passe ici, shérif, vous torturez vos prisonniers ? demanda le bonhomme

— C'est Lanny qui dessoûle, fit Hamilton. Ne

t'inquiète pas pour lui. Il était dans les pommes quand je l'ai vu pour la dernière fois. Il doit être en train de se réveiller. Les éléphants roses et tout le tralala. La grande parade. Je connais son cycle de retour à la normale, depuis le temps ! Il en a pour toute la nuit à se remettre.

Un autre grognement, puis un cri de douleur...

Scully alla regarder par le judas de surveillance ce qui se passait dans la cellule.

— Lanny n'est pas simplement en train de faire un cauchemar, s'écria-t-elle. Il a été attaqué !

Tout le monde se précipita.

Lanny était couché sur la banquette. Il tournait le dos à la porte.

Une fine traînée de sang courait sur le sol, jusque sur le mur et sur la fenêtre munie de barreaux.

Hamilton tremblait et essayait de trouver la bonne clé dans son trousseau.

— Comment un être humain a-t-il pu rentrer là-dedans ? marmonna-t-il.

— J'ai le pressentiment que personne n'est entré, fit Dana. Je crois plutôt que quelqu'un est sorti.

— Scully, qu'est-ce que tu essaies de nous dire ? demanda Mulder.

— Je ne suis pas certaine moi-même de ce qui se passe, répondit-elle. Mais je viens d'avoir une idée. Nous serons fixés une fois que nous aurons trouvé Leonard.

— Leonard ?

— Oui, Leonard. Le frère siamois de Lanny. J'ai vu une affiche les représentant au musée de la ville.

Le shérif réussit enfin à ouvrir la porte. Ils se précipitèrent à l'intérieur.

Scully s'agenouilla immédiatement auprès de Lanny. Elle le prit par les épaules et le retourna sur la couchette. Il poussa un long grognement. Il dormait toujours.

Le malheureux avait un trou au niveau de l'abdomen, là où son siamois se trouvait normalement.

— Ô mon Dieu, quelle horreur ! hurla Hamilton. Quelqu'un a retiré son frère... On a pris son frère !

— Je ne pense pas, murmura Scully tout en examinant la plaie. Je crois plutôt que c'est le frère qui est parti de son plein gré.

Mulder bondit :

— Voyons, c'est impossible ! Leonard fait partie du corps de Lanny, au même titre que sa jambe ou son bras !

Scully eut du mal à croire ce qu'elle entendait : Fox Mulder disant : « Voyons, c'est impossible. » Elle, scientifique rationnelle, tenant tête à Mulder et soutenant une théorie pour le moins... étrange. Où allait le monde ?

— Tu n'as qu'à considérer tous les éléments du dossier, dit-elle. Lanny porte sur le flanc une plaie similaire à celle des autres victimes. Mais il y a deux différences notables : Lanny n'est pas mort et il ne saigne pas. Il me semble que la conclusion coule de source.

Avant que Mulder puisse dire quoi que se soit, le shérif intervint :

— Si vous pensez que le siamois de Lanny, cet avorton sans tête, est en train de se balader en ville, alors c'est vous qui êtes soûle, pas Lanny, sauf votre respect !

— Je crois que c'est vous, shérif, qui un jour m'avez dit que ces gens étaient très spéciaux, mais que c'était ce qu'ils avaient à l'intérieur qui comptait, rétorqua Dana. Eh bien, je pense que Lanny a des organes internes qui permettent à son frère de se séparer de lui quand il le souhaite, puis de le rejoindre.

Mulder secoua la tête, incrédule :

— Mais comment est-ce que le siamois pourrait...

— Mulder, écoute-moi, est-ce que tu penses qu'on peut résoudre une affaire grâce à un rêve ?

Il haussa les épaules :

— Oui, c'est possible. On peut très bien avoir repéré des indices inconsciemment. Lorsqu'on rêve, le subconscient s'exprime et peut dire ce qu'il pense. Les rêves nous apprennent ce que nous nous cachons à nous-mêmes. On peut résoudre ainsi des énigmes pendant son sommeil.

Scully soupira :

— J'ai bien peur que ce ne soit ce qui m'est arrivé. Je n'ai pas cessé de rêver de Lanny, ces dernières nuits. On aurait dit que mon subconscient voulait que je m'intéresse à lui.

— Je suis heureux d'apprendre que tu es capable de reconnaître qu'une chose aussi peu scientifique t'est arrivée. Tu as le courage de regarder la vérité en face.

Lanny ouvrit soudain les yeux, et Scully se demanda s'il avait entendu leur conversation.

— Comment je peux... comment je... bafouilla-t-il.

Dana se pencha vers lui :

— Comment pouvez-vous quoi ?

Il chercha ses mots, puis dit enfin :

— Je ne pouvais pas le dénoncer sans me dénoncer aussi.

— Pourquoi attaque-t-il les gens ?

— Je ne... je ne pense pas qu'il leur veuille du mal. Il cherche... je crois qu'il se cherche un autre frère.

Le malheureux s'arrêta de parler.

— Lanny, tu as mal ? demanda le shérif en le voyant faire la grimace.

— Ça fait mal... ça fait mal de... de pas être aimé par son propre frère. J'ai toujours pris soin de lui... toujours. Peut-être que... peut-être que c'est un peu pour ça que...

Il s'arrêta et chercha dans sa poche sa flasque d'alcool.

— Non, fit Scully. Vous avez assez bu comme ça.

— Assez bu... assez...

Lanny bafouilla, il allait tourner de l'œil d'un instant à l'autre.

Scully lui tapota la joue pour le maintenir éveillé.

— Lanny, parlez-moi !

— On ne peut... on ne peut pas changer ce qu'on est... mais il essaie. Pourtant il me revient toujours... toujours il revient...

La tête du malheureux roula sur le côté. Il dormait de nouveau.

Scully lui prit le pouls.

— Son rythme cardiaque est faible.

— Appelez une ambulance, shérif.

— Tout de suite !

Pendant qu'Hamilton allait téléphoner, Scully prit une chaise et alla examiner la fenêtre et les épais barreaux.

Il n'y avait pas beaucoup de place pour se glisser par là.

Les barreaux étaient couverts de sang.

Cabochard s'approcha d'eux :

— Je pourrais vous faire un procès pour m'avoir arrêté sans preuve. Mais je suis au-dessus de ça. Je suis un homme qui ne s'intéresse qu'aux choses de l'esprit !

— Trop aimable, nous avons bien de la chance ! sourit Mulder tout en regardant lui aussi la fenêtre.

Cabochard reprit, mais sur un ton différent :

— Dites... vous pensez vraiment que le jumeau de Lanny peut se séparer de lui à volonté ?

— On dirait que oui.

— Diable ! ça ferait un chouette numéro, ça !

Mulder s'approcha de sa partenaire.

— Scully, tu es médecin. À ton avis, à quelle vitesse peut se déplacer le... siamois ?

Dana regarda par la fenêtre. La nuit était tombée.

— Je ne sais pas à quelle vitesse il bouge, mais il peut aller suffisamment loin pour tuer...

— Et l'obscurité s'épaissit...

CHAPITRE 15

Scully et Mulder sortirent de la petite cellule, leurs armes encore à la main.

Le shérif Hamilton venait tout juste de raccrocher.

— L'ambulance sera là dans quelques minutes, fit-il. J'espère qu'ils vont se magner, parce que Lanny m'a l'air très mal en point.

— Restez ici et attendez leur arrivée, ordonna Mulder. Scully et moi allons jeter un coup d'œil dans le coin.

Une fois dehors, ils firent le tour du pâté de maisons, à la recherche de la moindre piste, du moindre indice. Ils allèrent examiner la fenêtre de la cellule de Lanny.

Scully indiqua des traces rougeâtres sur le mur :

— Regarde, Mulder. Le siamois est passé par ici. Ses mains doivent coller à la paroi un peu comme des ventouses. J'imagine que ses bras doivent être très petits, sinon on les verrait quand il est sur le ventre de son frère. Ses jambes sont sûrement très courtes elles aussi. Ce qui n'empêche pas qu'il doit pouvoir se déplacer très vite.

— Tu penses que ses pieds et ses mains saignent ?

— Non, il est plus probable que tout ce sang provienne de la séparation de son corps d'avec celui de Lanny. Je n'ai aucune idée de la façon dont les organes sont partagés entre ces deux malheureux, n'ayant jamais étudié de frères siamois à l'école de médecine.

Mulder hocha la tête.

— Je crois que nous savons autre chose au sujet de notre ami Leonard.

— Quoi ?

— Il a des dents. Des dents coupantes comme des rasoirs.

— Oui, sa bouche doit être cachée dans la masse de chair qui aurait dû être sa tête. J'ai remarqué des replis de peau qui pouvaient fort bien masquer un vrai visage.

— Un visage avec des yeux, remarqua Mulder. N'oublie pas le siamois sait parfaitement où il va.

— Ouais, seulement comment savoir où il s'est rendu ce soir ?

— Je crois qu'il a joué au Petit Poucet sans le vouloir. Regarde !

Mulder indiqua le trottoir. Des gouttes de sang brillaient sur l'asphalte faiblement éclairé par les réverbères.

Ils suivirent la piste laissée par Leonard. Elle menait à une rue sombre et sale, et jusqu'à un grand bâtiment dont la porte était entrouverte.

Scully s'en approcha.

— Qu'est-ce que c'est que cet endroit ? grimaça-t-elle.

Elle n'avait jamais rien vu de tel. Ce n'était pas une maison, mais un labyrinthe de couloirs. La plupart des murs étaient faits de panneaux de bois vissés.

Mulder entra et trouva un interrupteur.

— Que la lumière soit !

Il appuya. Une lumière verte baigna l'intérieur du bâtiment. Dana alla regarder dehors. Un signe au néon brillait au-dessus de la porte :

LE TABERNACLE DE LA TERREUR

Une affiche, éclairée par une petite lampe, représentait un couple et deux enfants, les cheveux dressés sur la tête.

— Bienvenue dans la maison hantée de feu Hepcat Helm, fit Scully.

Mulder arma son revolver.

— J'ai entendu du bruit à l'intérieur. Je crois que si nous avons trouvé Leonard, la fête va commencer. Je vais essayer de le coincer.

— D'accord, moi je passe par l'arrière. Sois prudent, Mulder. Nous ne savons pas exactement quel genre de personne est le petit Leonard, mais nous savons qu'il tue !

Mulder fit signe qu'il serait prudent. Il attendit que Dana eût fait le tour du bâtiment et entra dans le couloir.

Arrivé au bout du corridor, il se colla au mur, prêt à tirer, pivota, et se retrouva dans un autre couloir. Personne en vue jusque-là.

Il se détendit. Mais soudain, il aperçut au loin une vague forme pâle qui bougeait dans la lumière verdâtre. Il se mit à courir, mais la créature avait déjà disparu.

Il s'engagea dans un autre corridor, força l'allure. Leonard n'avait peut-être pas de grandes jambes, mais il était capable de se mouvoir très vite !

Mulder accéléra encore et...

Boum !

Il se retrouva à terre.

Il venait de percuter un mur. Voie sans issue.

C'était un labyrinthe, il avait oublié ce détail.

Hepcat Helm aurait été amusé s'il l'avait vu !

Pendant ce temps, Scully était entrée dans la maison hantée par la porte de derrière. Elle sortit son arme et avança dans un couloir.

Elle tourna à droite, et se retrouva soudain dans le noir. L'ampoule avait dû griller. Maintenant que Hepcat Helm était mort, il n'y avait plus personne pour s'occuper de l'entretien de cet endroit.

Un grognement résonna dans les ténèbres.

« Tiens, tiens, se dit-elle, le petit Leonard a donc des cordes vocales ! » Elle retira le cran de sûreté de son arme et avança prudemment.

Le grognement devenait plus puissant.

Elle mit le doigt sur la détente.

Soudain, un éclair de lumière.

Une tête énorme et monstrueuse jaillit devant elle.

Ce sourire malsain, ces yeux exorbités... Scully reconnut le visage : Hepcat Helm.

La tête de carnaval en plastique garanti d'origine rentra lentement dans le sol. Dana soupira et abaissa son arme. Un rire enregistré résonna dans le corridor.

— Très drôle, vraiment très très drôle, soupira-t-elle.

Au bout du couloir se trouvait une porte. Scully l'ouvrit.

Elle se retrouva dans une sorte de tube entièrement composé de miroirs.

Mais avant qu'elle ait pu analyser la situation, elle entendit un frottement sourd droit devant elle.

— Leonard... je le tiens !

Elle avança... et poussa un cri. Le tube tournait sur lui-même comme un tambour de machine à laver.

— Eh !... qu'est-ce que...

Scully se retrouva projetée contre le mur, puis au sol. Elle était secouée dans tous les sens et dut faire un effort important pour ne pas lâcher son arme.

Elle réussit finalement à se mettre à quatre pattes et à avancer. Lentement, très lentement, elle se rapprocha de l'extrémité du tuyau... et finit par en sortir.

Elle se redressa. Le tube arrêta de tourner sur lui-même.

— Vraiment hilarant !

Puis elle entendit de nouveau le chuintement. Leonard n'était pas loin d'elle.

Elle examina le couloir dans lequel elle se trouvait. Pas de trappe, pas de piège en vue.

Dana commença à avancer... et se retrouva les quatre fers en l'air !

— Ooooh !...

Elle finit par atterrir contre un mur et se retrouva par terre, allongée de tout son long.

— Pourquoi est-ce que ce genre de trucs n'arrive qu'à moi ?

Elle regarda derrière elle et s'aperçut que le sol était un trottoir roulant. Les murs et le sol étaient joints de telle façon qu'il était impossible de voir le danger.

Scully n'osait plus bouger.

— Hepcat Helm... je vous hais ! murmura-t-elle.

Elle avait mal au dos, mal aux bras. Son corps devait être couvert d'hématomes.

Un bruit, dans le lointain...

Dana s'appuya contre le mur et recommença à avancer prudemment.

Elle soupira en arrivant dans un passage à l'apparence normale.

Mais soudain, son cœur accéléra : une forme blanchâtre rampait vers elle !

Leonard se mouvait beaucoup plus vite qu'elle ne l'aurait cru.

Elle eut le temps de viser et de faire feu deux fois.

Heureusement, elle ne manqua pas sa cible... Mais, hélas celle-ci n'était pas Leonard, mais un miroir reflétant son image.

Scully continua de tirer, brisant miroir après miroir.

— Le labyrinthe, le tunnel de la mort...

Hepcat avait bien fait les choses. Mais elle ne trouvait pas cela amusant du tout.

Il y avait maintenant vingt Leonard autour d'elle. Elle continua à tirer, fracassant toutes les glaces, espérant atteindre le gnome lui-même.

Et soudain, elle se retrouva face à face avec lui, le vrai ! Il fonçait vers elle à toute vitesse.

Elle serra les dents.

Leonard s'arrêta. Peut-être était-il blessé ? Peut-être était-il perdu, lui aussi, dans cette maison de fous ?

Peu importait. Scully avait une chance de s'en sortir. Si elle ne pouvait pas l'abattre d'une balle, au moins elle pourrait l'assommer avec la crosse de son arme.

Elle courut vers lui, le bras levé, prête à le frapper.

Le choc. Elle heurta un autre miroir qui se brisa.

Scully n'eut pas le temps de crier sous l'effet de la douleur.

Deux mains venaient de se refermer sur ses épaules.

Il y avait quelqu'un derrière elle !

CHAPITRE 16

— Scully, ça va ? demanda Mulder. J'ai entendu des coups de feu, j'ai cru que...

Scully reprit son souffle, elle tremblait.

— Mulder, on ne t'a jamais dit que c'était très vilain de faire peur aux gens dans une maison hantée où un monstre sanguinaire a trouvé refuge ? Tu m'as fait la peur de ma vie !

— Pardonne-moi, j'ai de très mauvaises fréquentations : le F.B.I., Skinner, les tueurs en série. J'étais un gentil petit garçon mais mes études à Quantico ont fait de moi un vilain voyou.

Ils soupirèrent ensemble, en tremblant de concert. Mulder avait eu peur pour Scully, elle avait eu peur de Mulder... une journée ordinaire, en somme.

Soudain, un bruit dans le couloir provint de la porte de derrière, l'entrée que Dana avait utilisée.

— Il a rebroussé chemin et il est en train de sortir ! cria-t-elle en courant à toutes jambes. Vite, il faut l'attraper avant qu'il tue de nouveau.

Mulder la suivit.

Mais une fois sur le pas de la porte de la maison hantée, ils s'arrêtèrent.

La nuit, le silence. Personne en vue.

Mulder fit signe à sa collègue de ne rien dire et tendit l'oreille. On entendait de légers bruissements dans un buisson le long du mur.

Dana lui fit un clin d'œil : elle aussi avait entendu. Les feuilles bougeaient. Elle sortit son arme et ils s'approchèrent de l'arbuste sur la pointe des pieds.

Mais ils ne furent pas assez silencieux.

Une forme surgit du buisson et fonça vers eux, se mouvant sur le sol avec rapidité.

Ils sursautèrent.

Mais ce n'était pas Leonard.

Une espèce de boule de poils sales avec quatre pattes et une gueule s'approchait.

— C'est le chien de Nutt! fit Scully en retirant le doigt de la détente de son revolver.

— Qu'est-ce qu'il fait là? On dirait qu'il veut nous dire quelque chose.

— Oui, mais quoi? Tu parles le yorkshire-teckel, toi?

Le chien aboyait comme un fou. Puis soudain, sans raison apparente, il se tut, les fixa un long moment, et se sauva à toute vitesse.

Arrivé au milieu de la rue, l'animal s'arrêta de nouveau, se retourna, et aboya dans leur direction.

— Qu'est-ce que tu as, toutou? fit Mulder.

Le chien jappait de plus belle et les regardait d'un air désespéré ; il s'avança vers le bout de la rue, puis revint vers eux.

— O.K., le chien, soupira Fox, nous avons compris le message. Tu veux que nous te suivions, c'est ça?

Mulder et Scully coururent vers l'animal, qui immédiatement recommença à s'éloigner dans la rue. La bestiole s'arrêtait tous les trois mètres et se retournait pour vérifier si les deux humains le suivaient toujours.

— Il nous emmène vers les caravanes, vers l'hôtel !

Scully hocha la tête :

— Ce clebs sait qui a tué son maître, il veut nous emmener découvrir le coupable. Il doit posséder des chiens de chasse dans sa famille.

— Le meilleur ami de l'homme !

— Le meilleur ennemi de Leonard.

Ils arrivèrent en vue des caravanes, et le chien ne put plus résister.

Il piqua un sprint et disparut dans les ténèbres en aboyant comme un fou.

Et subitement, le silence.

— On dirait qu'il a trouvé l'avorton, remarqua Mulder.

— Ou que l'avorton l'a trouvé !

— Allons voir ce qui s'est passé, viens.

— Je te suis, mais je ne suis pas certaine d'avoir envie de savoir de quoi il retourne !

Scully emboîta le pas à Mulder. Et quelques instants plus tard, elle faisait la grimace en détournant le regard de la forme qui gisait au sol.

— Leonard en est là... Essayer de se trouver un frère dans la famille toutou ?

Mulder ne répondit pas.

Dana retira le cran de sûreté de son arme.

— Il faut l'arrêter avant qu'il n'exécute une nouvelle tentative sur un humain.

— Si seulement les nuages pouvaient partir, nous aurions au moins un peu de lumière !

C'était la pleine lune. De gros nuages roulaient dans le ciel, et la nuit s'éclairait puis redevenait opaque comme si Dieu s'amusait avec le commutateur électrique des cieux.

Mulder repéra soudain une forme qui rampait entre deux caravanes et se dirigea vers elle.

Il s'arrêta brutalement. Une femme de deux mètres cinquante au moins apparut entre les deux véhicules, le regarda avec mépris et lui demanda :

— Tu cherches quelque chose, mon mignon ?

Un homme de la même stature sortit d'une des roulottes et fit un geste à la femme :

— Mabel, je t'ai déjà dit que je ne voulais pas que tu parles à d'autres hommes que moi ! Rentre tout de suite à la maison !

La géante obéit ; le géant sourit à Mulder, pointa vers lui un fusil à canon scié et lança :

— Approche-toi de ma femme, minus, et je te bute !

— C'est une petite erreur... commença Mulder.

Mais il se rendit compte que le mot « petite » n'était pas le mieux approprié vu les circonstances.

— Toute petite, ton erreur, freluquet ! ricana le bonhomme. Petite comme toi ! Alors ne tourne plus après ma gonzesse, t'es pas à la hauteur, compris ?

Mulder rejoignit Scully.

— Tu sais, dit-elle, il y a des moments où les petits hommes verts et leurs soucoupes volantes me manquent. Pourquoi est-ce que ce genre de choses n'arrive qu'à nous ? ajouta-t-elle en indiquant la caravane des géants.

— Parce que nous sommes les spécialistes.

— Drôle de ville. Gibsonton, cité du cirque et des monstres, où tout est poudre aux yeux.

— Tout sauf la mort.

Ils avancèrent dans l'allée centrale entre les caravanes.

La lune réapparut soudain dans le ciel.

Scully indiqua une forme sur le chemin, une forme qui ressemblait à celle d'un homme allongé sur le sol.

— J'espère que ce n'est pas ce que je crois, murmura-t-elle.

— Je l'espère aussi.

Ils s'approchèrent.

Il s'agissait bien d'un homme, couché devant la porte d'une caravane, les deux mains sur l'estomac.

Il était immobile.

— Mon Dieu, fit Dana, nous arrivons trop tard !

— C'est la caravane de Cabochard.

— Mon cher Mulder, j'ai l'impression que ce charlatan a fait son numéro pour la dernière fois.

— Cette fois-ci, il ne va pas réussir à s'évader. La Mort ne délivre qu'un aller simple.

Dana soupira :

— J'espère qu'il a eu le temps de quitter son corps avant que Leonard ne le tue.

CHAPITRE 17

Avant qu'ils aient pu arriver près du corps, une lumière s'alluma dans la caravane, la porte s'ouvrit et le Dr Cabochard apparut sur le seuil :

— Mais qu'est-ce que vous foutez encore là ? s'écria-t-il. Vous ne dormez donc jamais ? Je vous préviens, si vous venez faire une descente chez moi, je vous fais un procès pour atteinte à la vie privée !

Mulder et Scully le regardèrent, éberlués, puis se tournèrent de nouveau vers le corps étendu sur le chemin.

L'homme qui gisait là était couvert de tatouages.

L'Enigme poussa un grognement sourd.

— Il est encore vivant ! s'écria Scully.

Cabochard sortit de sa caravane.

— Qu'est-ce qui lui est arrivé ?

— Il a été attaqué par le tueur, j'en ai peur, répondit Dana en s'agenouillant près de l'ogre.

Il avait toujours les mains sur l'estomac, elle les lui écarta. Il la laissa faire.

— Pas de blessures, murmura-t-elle en examinant

sa peau, pas de marques. Un simple hématome et une bosse au niveau de l'estomac...

Mulder hocha la tête :

— Leonard a dû nous entendre venir. Il est sûrement parti avant d'avoir eu le temps de lui faire vraiment du mal.

— Si seulement on savait dans quelle direction il a filé.

Mulder eut soudain une idée. Il s'agenouilla près de l'Enigme et lui dit :

— Écoutez-moi, la chose qui vous a attaqué, est-ce que vous pouvez me dire de quel côté elle est partie ? Montrez avec la main, n'essayez pas de parler si vous êtes trop choqué pour cela.

L'Enigme se contenta de grogner et de se passer la main sur le ventre.

Scully soupira.

— Le malheureux doit avoir très mal. Leonard a dû lui donner un sacré coup dans l'estomac.

— Aidez-moi à le relever, lança Cabochard. Je vais le mettre sur mon lit et lui appliquer de la glace sur le ventre, ça devrait le soulager.

Ils firent ce que le docteur demandait, puis ressortirent dans l'allée. La lune était de nouveau cachée par de gros nuages noirs. On ne voyait pas à dix mètres.

— Nous avons perdu sa trace, Scully.

— Il peut être n'importe où. Qu'est-ce que nous pouvons faire pour le retrouver ?

Mulder haussa les épaules :

— Attendre que la prochaine victime soit découverte, que veux-tu faire d'autre ?

Une voiture déboucha soudain dans l'allée, tous phares allumés. C'était le shérif Hamilton.

Il sortit de son véhicule et se dirigea droit vers eux :

— Je savais que je vous trouverais ici. Quelqu'un en ville vous a vus courir dans cette direction.

— Comment va Lanny ?

Hamilton ferma les yeux.

— Lanny est mort.

— Son organisme n'a pas dû supporter ces séparations répétées d'avec son siamois, commenta Fox. Leonard l'a tué, lui aussi.

Hamilton secoua la tête :

— Non, ce n'est pas ça qui l'a tué. Le toubib dit que son foie était une éponge et lui a littéralement pété dans la gueule. L'alcool l'a tué.

— Cela explique ceci.

— Qu'est-ce que vous voulez dire, Mulder ?

— Les meurtres sont devenus de plus en plus fréquents, surtout ces derniers temps, shérif. Leonard a dû sentir que l'organisme de Lanny était de plus en plus faible, qu'il allait mourir. Il a sûrement compris que s'il ne se trouvait pas un autre frère, il mourrait avec lui.

Scully fronça les sourcils, se souvenant de l'histoire horrible que le guide du musée lui avait racontée.

— Oui, Mulder, tu as raison. J'imagine ce que ce doit être de savoir qu'on va mourir parce que son frère boit trop. Je pense même qu'à la place de Leonard, je ferais peut-être la même chose, je me chercherais un autre frère. Leonard est un monstre mais il est humain.

Mulder grogna.

— C'est surtout un tueur, qu'il tue en sachant ce qu'il fait ou pas. Il doit maintenant sauter sur tout ce qui bouge. Il ne peut plus retourner se souder à Lanny. Shérif, est-ce que vous pouvez nous aider à organiser une battue ?

— Vous pensez vraiment que c'est l'avorton qui est le tueur ? Je croyais que votre suspect numéro un était la sirène du Mississippi !

— Je ne plaisante plus, shérif !

Mulder avait parlé d'un ton dur. Le flic se redressa.

— O.K., c'est vous le F.B.I. Je vais voir ce que je peux faire. Je n'ai pas d'assistant mais je peux trouver des volontaires. Ce seront tous... des gens « spéciaux ».

— Nous n'avons rien contre les gens spéciaux.

Scully sourit faiblement :

— Pour attraper un monstre, il faut peut-être un autre monstre...

La battue prit fin au lever du soleil.

Le géant, les nains, la femme montagne, l'homme à trois jambes, la pieuvre humaine, la femme à barbe, les acrobates et contorsionnistes et une bande de clowns avaient fini de fouiller le secteur des caravanes jusque dans les moindres recoins.

Ils n'avaient rien trouvé.

Le shérif annonça la mauvaise nouvelle à Scully et à Mulder. Ils étaient toujours en train de chercher, de participer comme ils le pouvaient.

— Vous êtes certains que c'était le petit Leonard que vous avez vu courir hier soir ? demanda le flic.

Vous êtes sûrs que c'était pas la sirène du Mississippi et qu'elle ne sortait pas de votre bouteille de gin ou de votre imagination ?

Scully en avait assez de l'humour stupide du shérif.

— Ecoutez, Hamilton, fit-elle sèchement, le siamois de Lanny a disparu, c'est un fait. Où est-il, s'il vous plaît ?

— Mon Dieu, Scully, s'écria Mulder, tu es donc capable de te fâcher ? Je ne te connaissais pas ce talent !

— Vous êtes certains que vous n'êtes pas en train de laisser le vrai coupable filer ? demanda Hamilton.

— Que voulez-vous dire ?

Le flic indiqua une vieille Volkswagen au bout de l'allée. Le Dr Cabochard était en train d'y charger toutes ses affaires.

Scully fit signe à Mulder de venir avec elle jeter un coup d'œil afin de savoir ce que ce charlatan fabriquait.

Le prétendu docteur ne leur adressa même pas un regard. L'Enigme était avachi sur le siège du passager, l'air encore plus stupide que d'habitude.

— Vous quittez le coin ? demanda Dana.

— Evidemment que je me tire ! Avec tous ces meurtres, je veux me mettre en sécurité !

Il continua d'empiler des valises sur le siège arrière.

— Leonard doit être mort, il ne peut pas survivre sans un corps pour l'héberger, répliqua Scully. Lanny est mort.

— Ouais, c'est ça ! Eh bien, moi, je ne veux pas prendre de risques, je tiens à la vie !

— Je vais faire une autopsie sur Lanny, continua Dana. Je suis sûre que son corps est unique.

— Je suis si content pour vous, ma jolie! Examinez-le bien, parce que vous n'en reverrez jamais de pareil.

— Comment savez-vous cela?

Cabochard devint soudain sérieux et la regarda dans les yeux.

— La science moderne va peu à peu faire disparaître toutes les difformités, toutes les monstruosités. Tout ce qui ne correspond pas au modèle standard va être rayé de la carte! Nous ne verrons plus de frères siamois ou d'hommes à la peau d'alligator. La science soi-disant moderne va les détecter et les éliminer. En fait, les gens avec le nez simplement de travers ou les yeux un peu globuleux sont voués à disparaître! On va les sélectionner, les trier.

Cabochard indiqua Mulder et continua :

— Imaginez un monde peuplé de mecs avec sa tronche d'Américain moyen!

Mulder haussa les épaules :

— Ça compliquerait le problème des flics, si tout le monde me ressemblait...

— Ouais, eh bien, les mecs comme l'Enigme et moi, c'est notre devoir de nous montrer pour rappeler aux gens ce qu'est la nature!

— Et la nature, d'après vous, est... commença Scully.

— Ce qu'elle est? Bah ! j'en sais rien, ma jolie. Et justement, elle est mystérieuse et je veux qu'elle le reste!

— Ce qui ne nous dit pas où est l'assassin, commenta Hamilton.

Cabochard lui sourit :

— Je vous laisse ce mystère-là et je m'occupe des autres ! L'Enigme et moi on va à Baltimore. On a un contrat.

Mulder alla voir l'ogre.

— Qu'est-ce qu'il a ? demanda-t-il. Il n'a pas l'air bien. Sa blessure lui fait toujours mal ?

Cabochard fit signe qu'il ne savait pas.

— Il n'a pas dormi de la nuit et il a geint tout le temps. Mais il dit qu'il ne va pas trop mal. Je pense que c'est la chaleur qui le dérange.

— Espérons que ce n'est rien de plus grave, remarqua Scully.

Elle alla vers la portière de la voiture et regarda l'Enigme.

Il tourna la tête et lui sourit d'un air niais.

Et il lâcha un rot sonore.

— Trop beaucoup mangé hier soir ! rit-il. Pas digéré facile. Trop gros ce que j'ai mangé !

Scully soupira et alla rejoindre Mulder et le shérif.

Ils regardèrent Cabochard s'installer au volant. La voiture démarra et s'éloigna.

Une fois qu'elle eut disparu, Scully secoua la tête et s'approcha de Mulder :

— Tu sais, je crois que je vais me passer de petit déjeuner. Je n'ai plus faim du tout !

Mulder haussa les sourcils.

— Moi non plus.

Pendant ce temps, dans la voiture qui s'éloignait, l'ogre recommençait à avoir mal au ventre.

Car dans son estomac quelque chose remuait...

Cinéma

Livre après livre, film après film, J'ai lu édifie l'étonnante bibliothèque du cinéma.

Les titres sont présentés par ordre alphabétique.

Abyss
CARD Orson Scott 2657/4
L'accompagnatrice
BERBEROVA Nina 3362/4
Adieu ma concubine
LEE Lilian 3633/4
A l'Opéra de Pékin, où les rôles féminins sont traditionnellement tenus par des hommes, Dieyi triomphe dans celui de la favorite. Mais Xiaolou, son compagnon de scène, lui préfère la belle Juxian de la Maison des Fleurs.
Un grand roman qui inspira le film Palme d'or au Festival de Cannes en 1993.
Alien
FOSTER Alan Dean 1115/3
AlienS
FOSTER Alan Dean 2105/4
Alien 3
FOSTER Alan Dean 3294/4
Les amies de ma femme
ADLER Philippe 2439/3
Angélique
GOLON 2488/7, 2489/7 & 2490/7
Les anges gardiens
FERDJOUKH Malika 4204/2
L'année de l'éveil
JULIET Charles 2866/3
L'autre
CHEDID Andrée 2730/3
Beignets de tomates vertes
FLAGG Fannie 3315/7
Blade Runner
DICK Philip K. 1768/3
La brute
des CARS Guy 47/3
Carrie
KING Stephen 835/3
Charlie
KING Stephen 2089/5
Christine
KING Stephen 1866/4
Le club de la chance
TAN Amy 3589/4
Conan le Barbare
HOWARD Robert E. 1449/3 (avec Sprague de Camp)
Conan le destructeur
HOWARD Robert E. 1689/2 (avec R.Jordan)
La couleur pourpre
WALKER Alice 2123/3
Courage under fire
SHEANE DUNCAN Patrick 4285/4
Crossing Guard
RABE David 4072/5
Croc-Blanc
LONDON Jack 2887/3
Cujo
KING Stephen 1590/4
Cyrano de Bergerac
ROSTAND Edmond 3137/3
Dallas
RAINTREE Lee 1324/5
Danse avec les loups
BLAKE Michael 2958/4
La demoiselle d'Avignon
HEBRARD Frédérique 2620/4
Demolition Man
OSBORNE Richard 3628/4
Dans un futur d'une violence terrifiante, un flic surnommé Demolition Man en raison de ses méthodes, affronte un meurtrier sanguinaire.
Le dernier des Mohicans
COOPER Fenimore J. 2990/5
2001-l'odyssée de l'espace
CLARKE Arthur C. 349/2
Le diable au corps
RADIGUET Raymond 2969/1
Dragonheart
POGUE Charles Edward 4287/4
Elisa
FERNANDEZ-RÉCATALA 3980/4
E.T. L'extraterrestre
SPIELBERG Steven 1378/3
E.T. La planète verte
SPIELBERG Steven 1980/3
Etat second
YGLESIAS Rafael 3629/6
L'été en pente douce
PELOT Pierre 3249/3
Excès de confiance
ELLISON James 4245/3
Farinelli
CORBIAU Andrée 3955/3
Forrest Gump
Winston Groom 3816/4
Le Fugitif
DILLARD J.-M. 3585/4
Frankenstein
SHELLEY Mary 3567/3
Gaston Phébus
De BEARN Myriam & Gaston 2772/6, 2773/7 & 2774/5
Germinal
ZOLA Emile 901/3
Geronimo
CONLEY Robert J. 3714/3
Golden Girl
NASH Alanna 4241/6
Le grand chemin
HUBERT Jean-Loup 3425/3
L'homme sans visage
HOLLAND Isabelle 3518/3
Ils voulaient la lune
SHEPARD Alan 4115/7
Independence Day
DEVLIN & EMMERICH 4286/6
Le jardin secret
HODGSON BURNETT Frances 3655/4
J'étais empereur de Chine
PU-YI 2327/6
JF partagerait appartement
LUTZ John 3335/4
JFK
GARRISON Jim 3267/5 Inédit

Cinéma

Jonathan Livingston
le goéland
BACH Richard 1562/1 Illustré
Joy
LAUREY Joy 1467/2
Joy & Joan
LAUREY Joy 1703/2
Joy (Le retour de)
LAUREY Joy 3388/3
Junior
FLEISCHER Leonore 3876/3
Kramer contre Kramer
CORMAN Avery 1044/3
Lancelot,
le premier chevalier
CHADWICK Elizabeth 4030/4
La lectrice
JEAN Raymond 2510/1
La liste de Schindler
KENEALLY Thomas 2316/6
Little Big Man
BERGER Thomas 3281/8
Love story
SEGAL Erich 412/1
La machine
BELLETTO René 3080/6
Madame Bovary
FLAUBERT Gustave 103/3
Le Magicien d'Oz
BAUM Frank 1652/1
Maman j'ai encore raté
l'avion
SINGER A. L. 3387/2
Le mari de
l'Ambassadeur
HEBRARD Frédérique 3099/6
Meurtre à la une
DIEHL William 4247/6
1492
La conquête du paradis
THURSTON Robert 3403/3
Milliardaire malgré lui
SUNSHINE Linda 3831/4
Misery
KING Stephen 3112/6
Les nuits fauves
COLLARD Cyril 2993/3

Les oiseaux se cachent
pour mourir
McCULLOUGH Colleen 1021/4
& 1022/4
Oliver's story
SEGAL Erich 1059/2
Orphée
COCTEAU Jean 2172/1
Où sont les hommes ?
Mc MILLAN Terry 4037/8
Peter Pan
BARRIE James M. 3174/2
Peur Bleue
KING Stephen 1999/3
Présumé innocent
TUROW Scott 2787/7
Priez pour nous
DUROY Lionel 3138/4
Le Prince des marées
CONROY Pat 2641/5 & 2642/5
Pulsions
DePALMA Brian 1198/3
Les quatre filles
du Dr March
ALCOTT Louisa M. 3877/3
La reine Margot
DUMAS Alexandre 3279/3
Rends la monnaie, papa !
FAUCHER Elizabeth 3746/3
Richard au pays des livres
magiques
STRASSER Todd 3875/4
Robocop
NAHA Ed 2310/3
Running Man
KING Stephen 2694/3
Sauvez Willy
HOROWITZ Jordan 3627/4
Sauvez Willy - 2
HOROWITZ Jordan 4078/4
La servante écarlate
ATWOOD Margaret 2781/5
Shining
KING Stephen 1197/5
Simetierre
KING Stephen 2266/6
Le sixième jour
CHEDID Andrée 2529/3

Stargate
DEVLIN Dean 3870/6
Striptease
HIAASEN Carl 4284/7
Le temps de l'innocence
WHARTON Edith 3393/5
The Player
TOLKEN Michael 3483/3
37°2 le matin
DJIAN Philippe 1951/4
Les Trois Mousquetaires
DUMAS Alexandre 3461/7
Un mari, c'est un mari
HEBRARD Frédérique 823/2
Un Indien dans la ville
Le NABOUR Eric 3979/3
Une journée en enfer
CHIEL Deborah 4031/3
Vingt mille lieues sous les
mers
VERNE Jules 3654/5

Composition Euronumérique
Achevé d'imprimer en Europe (Allemagne)
par Elsnerdruck à Berlin
le 10 octobre 1996
Dépôt légal octobre 1996. ISBN 2-290-04348-6
Éditions J'ai lu
84, rue de Grenelle, 75007 Paris
Diffusion France et étranger : Flammarion